20 世纪中国图书馆学文库·84

21 世纪图书馆展望——访谈录

吴建中 编著

國家圖書館出版社

本书据上海科学技术文献出版社 1996 年 7 月第 1 版排印

It is a great pleasure for me to be able to contribute to the vol – ume that is before you now. Mr. Wu deserves great praise for bringing together this collection of interviews on various aspects of the modern library profession – ranging from preservation to management and from acquisitions policy to document delivery。

Mr. Wu's approach has been very effective. By having these in – depth interviews with international library leaders in Australia, the United States of America, France and others, he has succeeded in bringing to the fore the elements that concern the present generation of Chinese library professionals。

IFLA, being concerned with international cooperation and mu – tual understanding in all fields of library activity, is very pleased that these international views now become available to readers all over Chi- na. Since this book will be presented during the 62nd General IFLA Conference in Beijing(August 1996), it is important to stress that this meeting is intended to contribute to the reverse process:namely, mak- ing professionals from abroad aware of the developments in China.

This collection forms an excellent example of the adage"the sum is more than the collection of its constituent parts". As a whole, this book puts before you a comprehensive view of a group of leading inter- national professionals. Their views, in turn, are based on their indi- vidual careers and in these interviews they share their combined expe- riences with their Chinese colleagues.

I consider this work to be an important addition to the existing professional literature in our field in Chinese. I commend it to every librarian and information specialist that is active in our field and wants to broaden his national and international horizon.

1

Leo Voogt
Secretary General IFLA
1 July 1996

我为该书的顺利出版而感到高兴。吴先生编纂的这部"访谈录",内容极其丰富,涉及到现代图书馆事业的各个侧面——从文献保护到科学管理,从采访政策到文献传递等诸多方面。

吴先生这一编纂方式别具一格,用非常精炼的语言,与澳大利亚、美国、法国等国家的国际图书馆界知名人士一起,深入探讨了当代中国图书馆专业人员共同关心的一系列问题。

国际图联——这个致力于在图书馆各个领域进行国际合作与相互理解的组织,将非常高兴地看到这些国际性的观点能够在中国广大读者中得以传播。由于该书将在第 62 届国际图联大会(北京:1996 年 8 月)期间出版,所以我特别要指出的是,本次会议的一个重要意图,就是让国外的图书馆员能够充分了解中国图书馆事业的发展。

该书乃属"总体大于部分之和"这句格言的最好例证。就世界各国图书馆界感兴趣的问题,该书给中国图书馆界人士提供了国际图书馆专业带头人的许多新观点。这些新观点都是专家们长期工作经验之精华,通过对话的形式,与中国的同行共享他们的经验。

我把该书的出版看作是现存专业文献中文版的重要补充。我愉快地把它推荐给每一位积极为我们的事业作出贡献,力争在国内或国际舞台上施展才华的图书馆员和信息专家。

Leo Voogt

国际图书馆协会联合会

秘书长　利奥·福赫德

1996 年 7 月 1 日于上海

中外一家集思广益

共同繁荣园博事业

杜飞

序　言

当今世界正在进入信息时代,而且面临世纪之交。信息技术和信息服务都有了迅速的发展,人们正在热烈地谈论着 21 世纪,谈论着未来,其中包括图书馆的未来。由于谈论的对象是未来,所以预测成分很重。你这样设想,我那样估计,各抒己见,百家争鸣,各种意见都有,其中有不完善的也会有错误的,这是难免的。由于对图书馆未来的讨论具有世界性,有些问题已在国外开始研究,甚至有些新的设想发明和技术已经在一些国家和地区进行了实验,并在一定范围内付诸实践。一般来讲,科学技术与图书馆事业比较发达的国家进展较快,而发展中国家则较慢,如果我们能同国外的同行进行交流和讨论,对我国图书馆事业的改革和发展,对我们展望未来都会是有益的。因此,当上海图书馆副馆长、上海科学技术情报研究所副所长吴建中博士向我透露他拟采取对话形式与国内外的专家、学者探讨图书馆未来的计划时,我非常赞同并表示支持。因为我觉得开展这种专题系列的讨论,非常必要也非常及时,对我国正在进行的图书馆变革和对其发展的战略思考,都将会有很大的启发和帮助。吴建中博士交往甚广,思想开拓,热爱图书馆事业,为开展"对话"具备了极好的条件。很快我们就有幸在上海《图书馆杂志》上陆续看到了"对话"系列文章。吴建中博士与参加"对话"的中外专家、学者为中国的图书馆事业做了一件极有意义的好事,我向他们表示祝贺,也表示感谢。十几篇"对话"我均

——看过,虽然各篇讨论的主题不完全相同,有的从总体上探讨图书馆的未来,有的从局部研究未来图书馆的一些非常重要的具体问题;有与国外专家、学者的交流,也有与国内同行的探讨,但是讨论的主题都抓住了当前图书馆研究的热点,是人们关心的、具有关键性的重要问题,对于人们了解未来的图书馆和开展这方面的研究都会有所启迪,有所帮助。吴建中博士的提问很有针对性,基本上抓住了问题的核心,而"对话"的另一方的回答和见解也很有预见性和说服力,因为他们不仅具有高深的理论基础,而且具有丰富的实践经验,这是"对话"内容比较新颖,切合实际,各有中心,各具特色,短小精悍,引人入胜的主要原因。令人特别感兴趣的是几乎所有参与"对话"学者都认为图书馆将会继续发挥作用,但要求更高,需要新的理论、观念、方法和技术来充实自己,否则就难以适应社会与技术的进步和激烈变化,难以满足未来图书馆的需求,最终将被时代所淘汰。我很赞同"对话"的基调。

图书馆是一种社会现象,是一定社会文化的产物,受社会经济和文化的制约,随社会的发展而发展。社会的发展和技术的进步将导致图书馆的发展和进步,社会发展水平与技术水平决定着图书馆发展的水平,历史和现状都说明了这一点。目前,发达国家和地区与发展中国家和地区,对未来图书馆的目标和要求是一致的,但是在达到目标和需求的时间和进度上却存在差异。前者决定了我们研究、预测和讨论未来图书馆的必要性;后者决定了彼此存在的差异,不能同步和照搬的特殊性。对于发展中国家和地区来讲,只能加快图书馆技术和服务、性质与功能变革的步伐,但不能脱离自己现存的社会和技术环境,生搬硬套发达国家的计划和经验,在我们尚未普遍实现自动化、网络化、电子化的情况下去建设虚拟图书馆,那是不现实的。当电脑已经进入千家万户时,人们可以不需要经常去图书馆,即可在自己家中获得所需信息。但是,当多数家庭尚未普及电脑前,图书馆的电脑和终端则仍是人们存取信息与知识的主要方式和手段。如果我们对未来图书馆,对虚拟图书馆(或称电子图书馆),对信息高速公路等的目标、作用与要求有所认识和了解,现在就打好基础,创造条件,把握好改革的方向以及培养人才,对制订发展战略规划将大有好处。我们既不能对未来采取虚无主义,也不能对现实采取脱离实际的态度。正如史蒂尔教授所说:"在一些通讯网络比较不发达的国家和地区,图书馆仍然会在较长的时期里保持原来的那种形象。但是,人们利用信息的方式和手段将会出现极大的变化,尤其是那些信息基础设施比较完备的地方……"。从现代图书馆到未来图书馆之间,同样也存在一个过渡时期,发达国家和地区的过渡期可能会短一些,发展中国家和地区的过渡期则会更长一些。在我们中国,一些信息基础设施比较完备的图书馆,在利用信息的方式和手段上将会较早地接近发达国家的水平,它们可能在信息的存取和管理上先"富起来"!因此,我们在图书馆变革上,既应是不断变革论者,也应是阶段变革论者;既要展望未来,研究图书馆的未来,也要立足当前,打好基础。正如戈曼博士在说到中国图书馆资源共享发展需要做些什么时所说:"我认为现在首要的是做好基础工作,为今后资源共享的发展事业铺平道路"。人们展望未来是为了明确方向和目标,立足当前是使我们脚踏实地、分阶段地不断向前迈进,关键是现在应当做些什么和如何做好的问题。"对话"的每一篇文章几乎都对此提出了宝贵的建议和意见。

人们需要信息,同时也需要知识,知识虽然也是一种信息,但不是所有的信息都是知识。图书馆应当满足社会的信息需求和知识需求,既具有传递信息的情报功能,又具有传授知识的教育功能。它可以帮助人们获得需要的信息,发挥情报和教育双重功能。传播知识教育人们的功能对于公共图书馆、学校图书馆和大学图书馆尤为重要。图书馆的教育功能不仅通过馆藏资源向读者传播知识,而且可通过图书馆员的帮助和引导使读者掌握获取知识的知识。由于图书馆员掌握各种文献载体及各类文献的性能和作用，了解使用它们的方法和技术，因此可以帮助和指导读者和用户如何选择适应他们需要的文献，指导他们通过什么途径可以解决他们的问题，引导他们如何获得所需要的情报，这就是图书馆教育作用的真正所在，这种作用在未来图书馆里也不会例外。图书馆在存取信息即储存与利用信息方面与其他信息产业具有相同或相似的功能；但在通过传播知识教育人、培养人方面，图书馆又具有不同于其他信息产业部门的独特要求和功能。为此，我们既不能将图书馆与其他信息产业部门隔开，也不能将它们完全等同起来，它们具有共同的功能，同时也存在着各自的特殊作用，否则就不会存在许多不同的信息部门了。不论是未来图书馆或是现在的图书馆都离不开信息技术与信息服务两个基本要素。即使是高技术武装的虚拟图书馆也离不开为用户服务。尽管服务的方式与手段会有变化，但是它们的服务本质是不会变的。这种服务不仅指指导、帮助读者找到他们需要的信息和知识，而且包括能告诉他们什么信息和知识可以解决他们的问题。未来图书馆员的作用将会更大，对他们的要求也会更高，不是未来图书馆是否需要我们，而是我们能否适应未来图书馆。"对话"给予我们很大的启迪，值得我们读一读，加以认真研究并参与讨论，特别是那些当前我们应该注意的问题，我想对我们是会有帮助的！对于那些"对话"尚未涉及的一些未来图书馆的问题，也有赖于大家继续讨论。

陈誉

1996 年 5 月 10 日于上海华东师范大学

主持人的话

有人问我，和国外图书馆相比我们之间的差距到底有多大？我想这不是用几个数字就可以回答的问题。电脑和通讯技术的结合所带来的信息传播的便利，使地球变得越来越小，当一个新的事物在 A 国出现后，不久就可能很快地流传到 B 国或者 C 国，而不论其接受能力如何。硬件的价格越来越便宜，那么是否把这些机器买来，然后安装上去就算是现代化了呢？这是一个值得思考的问题。必须承认，我们现在是在比发达国家慢数拍的不同环境下接受同一事物的，在对该事物的认识上、反应上以及实践上都存在着一定的差距。80 年代，我们介绍、宣传过国外图书馆的电脑化和自动化，没有跟上去，前些时候信息高速公路热了一阵子，不久也冷了下来，还是跟不上，差距太大了。电脑和通讯技术的发展日新月异，1994 年 6 月我赴香港访问时，在 Internet（互联网络）上还只看到 Gopher，同年 12 月在台湾访问时已经看到 www，但只是一些演示，而 1995 年随中国电子图书馆考察团访问北美，看到 www 的应用已经遍及到各个角落，差不多每到之处图书馆都向我们演示他们的 Homepage（起始页）以及他们各自对网络的贡献。可以说，在一些发达国家，图书馆最大限度地利用了现代高新技术的发展成果，一直走在社会发展的前沿。相比之下我们的差距就很大。我觉得有必要借鉴发达国家和地区图书馆发展的经验和教训，把握现代化图书馆管理的特点和趋势，深层次、多角度地研究图书馆未来发展战略的问题。

　　这些年来，我去过不少国家和地区，从美国、加拿大、英国、法国、德国、比利时、荷兰，到日本、香港以及台湾等地，参观了许多国际上著名的图书馆，结识了不少知名的专家学者。我一直想把自己的感想、心得用某种形式写下来。两年前，澳大利亚国立大学图书馆馆长科林·史蒂尔先生来我馆访问时，他对上海图书馆新馆电脑系统的选型问题，提出了一些很有参考价值的建议。我想如果把这一谈话内容整理出来，想必对国内的同行一定很有帮助。于是，我根据当时的记录，归纳了 8 个问题，再写信向科林·史蒂尔先生请教，同时与他谈了想在专业刊物上发表这一对话的设想。他很愉快地答应了我的邀请，并很认真地从理论的高度一一作了回答。这样，第一篇"对话"就诞生在《图书馆杂志》1995 年第 3 期上。"对话"发表以后，华东师范大学陈誉教授和《图书馆杂志》副主编张贤俭先生鼓励我继续撰写下去，形成一个系列。就这样，我根据图书馆界讨论的热点问题，设计了一个框架，内容涉及公共图书馆服务、社区与图书馆、有偿服务与无偿服务、文献保护、知识产权、图书馆管理、情报检索语言、图书馆自动化与网络化以及图书馆学教育等问题。我所访问的对象都是国内外知名的专家、教授，他们都是某一领域的专家或学术带头人。这些专家、教授往往都很忙，有的担任馆长，有的担任系主任，有的正忙于著书立传，有的正投入重大项目的研究与开发，但还是从百忙之中抽空回答了我的问题。特别令人感动的是，空军政治学院的张琪玉教授虽然患病卧床，仍积极参与"对话"，而且非常认真仔细地对文稿逐字逐句地修改。"对话"栏目开出以后，吸引了不少热心读者的参与，其中有知名专家、教授，也有第一线工作的图书馆同行，他们围绕"对话"中的一、两个问题提出了自己的想法，有赞同的，有商榷的，也有批评的。总而言之，他们普遍反映"对话"针对性强，很多都是大家希望了解的问题，对我国图书馆发展具有实际指导意义和学术参考价值。我拜读了他们写的评论，很受启发，有些观点更有深度，更加精彩。现把这些评论文章（已征得作者同意）与"对话"一齐发表，可以使有关图书馆未来的讨论更加充实，更加生动，更加丰富多彩。此外，采访活动之所以比较顺利，这和现代化的通讯工具和手段是分不开的，我和国外同行之间的交流几乎都是通过电子邮件或传真进行的，很多提问在当天就得到了答复，如果没有这样高效率的通讯方式，要在这么短的时间内完成这些"对话"是绝对不可能的。

与这些国际知名学者对话的过程是一个学习的过程。每次采访前我都要准备一份提问清单，在准备提问清单时所下的功夫不比整理对话内容轻松。为了抓住关键，找准问题，在准备提问内容时，查阅了大量的有关文献资料。通过对话交流，从这些专家、教授那里获得了不少新的信息，增长了许多新的知识。同时，从读者来信中也学到了很多新的东西。我采访专家、教授的目的是为了向他们请教有关图书馆未来的问题，而出版这本系列"对话"的目的是抛砖引玉，以吸引更多的图书馆界、情报界同仁一起参与我国目前正在开展的图书馆未来发展战略的大讨论。

本书在编纂过程中，得到了《图书馆杂志》编辑部张贤俭、方子丽、王宗义、曹慧雯等同志的热情指点和帮助，在此谨致谢意。由于时间仓促，能力有限，书中难免有疏漏和欠妥之处，恳望广大读者不吝指正。

吴建中
1996年5月26日于上海图书馆

目　次

在广阔的知识海洋里做一名踏浪者

我们实际需要的是那些知道什么数据库可以截取下来，什么资料可以上网，以及掌握进入全球信息资源的钥匙的人。同时，图书馆员必须善于与网络专家和软件开发专家合作，以提供更好的存取信息的规则和技巧。

——C. R. 史蒂尔（澳大利亚）

C. R. 史蒂尔（Colin Robert Steele）：1944 年生。曾就读于利物浦大学，获文学硕士学位。1980 年起任澳大利亚国立大学图书馆馆长。著有《学术通信的变革》等10 部著作和 300 多篇论文。1980 年获得西班牙依莎贝尔女皇爵士勋章。

通讯地址：Australian National University Library，CANBERRA, ACT 0200 Australia.

Tel. +61 -6 -2495111；

Fax +61 -6 -2490058

E - mail：COLIN. STEELE@ ANU. EDU. AU

吴：在 70 年代，我们中大多数人对兰开斯特（Frederick Wilfred Lancaster）教授所描绘的无纸化社会可能并没有当作一回事情，而今天我们已经不知不觉地走近无纸化社会的边缘。

史:是的。由电脑和通讯的结合触发的这场技术革命正在不断产生着强大的威力。当 Internet(互联网络)神奇地将全世界的电脑都串联起来的时候,奇迹便不断发生,新事物接踵而来。以致我们来不及消化刚刚从眼前过去的东西时,新的东西又来了。

吴:我也有同样的感受。1992 年,我遇到一位来上海讲学的美国图书馆同行,她告诉我美国正在流行一种叫做 Gopher 的网络服务系统,它使用户在不知道电子地址和 ftp(文件传输协定)节点的情况下,可以像金花鼠那样广泛浏览全网络资源。可是两年不到,它已经显得过时了。1994 年,在香港和台湾,我们看到 WWW(全球网服务系统)在图书馆已经相当普及。通过一种叫做 Mosaic 的软件,既可以传输文字,也可以传输图像、声音以及电影录像等多媒体信息。目前,它的应用量已凌驾于 Gopher 之上。

史:可是,最近又推出了功能更新更强的网络服务软件,Netscape。

吴:现在在图书馆界流行着一种叫做"虚拟图书馆(virtual library)"的说法,史蒂尔馆长,你能否给我们谈一谈什么叫"虚拟图书馆"?

史:所谓"虚拟图书馆",实际上就是指电子图书馆(electronic library)。现代科学技术使得个人电脑和微机工作站能够直接与 Internet 联网并不断推出新的服务功能,用户不仅可以在图书馆,而且可以在他们的书桌前,通过电脑屏幕漫游全球,在广阔的知识海洋里,寻觅他们所需要的信息。

吴:有趣的是,在一本名为《虚拟公司:重整结构,注入活力,迎接 21 世纪》(The Virtual Corporation:Structuring and Revitalizing the Corporation for the 21st Century)的书中,作者达维多(W. H. Davidow)和马隆(M. S. Marlone)给虚拟下了这样的定义,即"以前清楚地界定的各种结构,现在界限开始模糊了,那些被认为是永恒的事物,开始不断发生变化"。他们认为,这种虚拟企业,轮廓并不那么清晰,时而是公司,时而是供应商,时而是顾客。从内部看,这种公司没有定型,传统的办事处、部门、营业处经常按需要进行改组,工作职责经常变动,权力界限也经常变化。我想,这本书对我们图书馆同样很有启发。也许可以这样说,图书馆正经历着一场革命。在这场革命中,图书馆的每一个组成部分都在发生激烈的变化。构成图书馆的三要素即资料、人员和馆舍现在看来都要重新定义。

史:我同意你的说法。今天的图书馆,无论是大学的、专门的、还是公共的,正在经受着一场新的考验。图书馆员不妨问问自己,"我们正在做什么?为什么要这样做?我们为谁服务?服务的效果怎么样?"总之,我们现在需要做的是:重新定义我们的使命,重新排列工作的优先顺序,重新设计我们的战略计划。

吴:是的。现在我们应该从传统的观念中摆脱出来,重新认识图书馆。比如过去我们总认为图书馆越大越好,其实在电子化时代,当图书馆的信息资源通过 Internet 进入家庭以后,给图书馆在物质外形上下定义已经变得毫无意义。对于终端上的用户来说,图书馆只是一个汇集网络内所有图书馆信息的代名词,他们关心的是如何获得而不在乎从哪里获得自己需要的东西。当然,这并不等于说图书馆建筑就不需要了。

史:未来的图书馆不再是我们曾经想象的一个大型的印刷品资料库。当然,在一些通讯网络比较不发达的国家和地区,图书馆仍然会在较长的时期里保持原来那种形象。人们利用信息的方式和手段将会出现极大的变化,尤其是在那些信息基础设施比较完备的地方,如美国、欧洲和澳大利亚等。但是,不管怎样,人们依然需要图书馆员向网络贡献自 15 世纪印刷技术发明以来,累积起来的信息资源评价与组织的方式和存取信息的方式。

吴:我们正处在一个介于传统图书馆和电子图书馆之间的时代(这里我们暂且不讨论纸张会不会被电子出版物取代的问题),

这段时间到底有多长,现在还很不清楚。但是,在这两者共存的时期里,人们既需要印刷出版物,也需要电子出版物。在全部信息资源电子化之前,如何处理好两者的关系,是摆在我们面前的一个重要课题。

史:我认为尽管在过去几年里在西方社会发生了急速的变化,但这一过渡时期肯定会持续相当一段时间。在亚洲和非洲一些不太发达的国家和地区会更加长一些,在那里,信息通过光盘或光盘网传送可能是一条捷径。以后再逐渐过渡到通过网上的服务器存取数据库资料。如前所述,在过渡时期里,在信息存取方面,我们将有很多选择。但最后的选择,将会取决于各地区各国家不同的社会和技术的环境。在虚拟图书馆,我们需要设法存取那些利用率较高的印刷品资源,但同时也需要去重新部署现有的资源以利于网上检索。不少图书馆,尽管它们的购书费不是下降就是静止了,但仍然需要确保资源的重新部署,以使那里的资源可以被最方便、最大限度地利用。

吴:现在人们已经不满足于在网上进行书目检索,而更加重视内容的存取,如全文检索等。你1993年给我的讲稿《图书馆的前景:电子环境中的管理变化》引用了科幻小说作家布鲁斯·史特林在1992年美国图书馆协会年会上作的报告,他很生动地表述了内容存取的重要性。

史:他是这样说的:"信息到底是什么?我觉得在信息经济学方面存在一些认识上的问题。信息不是数据,而是'注意'(attention)。不出几年,你就可以把整个国会图书馆装在你的口袋里。但你不可能通读国会图书馆的馆藏,也许在调出它的百分之一中的十分之一之前,你已经见上帝了。所以我认为最重要的是能调出你真正需要的东西,这是真正的信息经济学的开端。问题不在于谁拥有图书,谁出版图书,关键在于存取。进一步说,还不在于存取本身,而在于告诉你如何去存取的指引系统。"现在在网络上已经可以看到许许多多电子杂志,因此文章的直接存取将变得越来越重要。现在的作者可以直接在网上发表他们的成果。我们需要做的是和那些软件工程师探讨如何更加方便地存取信息,并改善增值信息服务。

吴:你认为这场革命对图书馆员的专业性会产生怎么样的影响?

史:随着信息存取的变化,图书馆员的专业性也一定会跟着发生变化。我不赞成把我们自己划分成一个一个很专门的领域,不管他是藏书管理员、采访馆员、编目员,还是参考馆员、联机专家。在这种情况下,我们也许应该称自己为信息向导(information facilitators)。我们应该尽力提供我们掌握着的信息资源,而不管它们在网上,还是在书库里,或者在多媒体环境中。图书馆的根基应该改变,它不再是一个静止的印刷品仓库,而应该是一个有序的、有弹性的和多功能的机构。假如不这样的话,那么图书馆将面临危机。

吴:是的,随着图书馆业务的自动化和社会化,大量技术性工作将交给机器或委托给外部来完成,因此,图书馆员所扮演的角色必然会发生一些变化。但是,他们为社会提供信息服务的专业性质是不会改变的。信息需求的多样化、个别化趋势给图书馆服务提出了更高的要求。今后评价一个图书馆员是否称职,不在于看他提供了多少次服务,而是看他解决了多少问题。

史:在电子环境中图书馆将成为交换中心(switching center)。我们要求图书馆员成为网络的交换手(an interface)。我不认为图书馆员真的会变成名副其实的主题专家,我们实际需要的是那些知道什么数据库可以截取下来,什么资料可以上网,以及掌握进入全球信息资源钥匙的人。同时,图书馆员必须善于与网络专家和软件开发专家合作,以提供更好的存取信息的规则和技巧。

吴:是的,我觉得自己压力很大,我想我周围的同事们一定也有同感。我们现在还处在传统作业的阶段,但很有可能我们哪一天会跳跃式地上了信息高速公路。那时候我们没有退路,只有紧握方向盘。但我担心的是我们没有驾驶执照,或者说没有多少开车的经验,我们会老是处于被动的地位。那么,史蒂尔教授,你作为一名走在现代化前沿的大学图书馆馆长,能不能谈谈自己的感受呢?

史:我觉得,今天图书馆员(不管他明天会怎么称呼)比过去任何时候都能更加大显身手地参与创造未来。正像约翰·布鲁诺(John Brunner)在 1975 年出版的题为《踏浪者》(The Shockwave Rider)小说的标题所提示的那样,如果你踏浪前进的话,肯定会遇到波折,但如果你只在海边观潮的话,尽管海浪打不到你,但你将永远被甩在后面。也就是说,如果图书馆员在今天的信息社会中甘心充当观潮者的话,那么,这个专业将很有可能被时代所淘汰。

【讨论】

饶有兴趣地读完了吴建中博士与史蒂尔教授关于图书馆未来的一场对话,颇有感触。当前我国图书馆界存在一种不平衡现象。一方面,以电脑、通讯为代表的现代信息技术几乎没有遗漏地逐一被引进,而另一方面,传统的思想观念、落后的工作方式,伴随着逐年趋减的经费和与日俱增的信息始终困扰着图书馆工作人员。我们毋需为此悲观,因为这恰好证明了进入信息社会的必要性;但更不可盲目乐观,如果我们不以此为契机跳跃前进,就会被历史浪潮甩在后面,甚至被抛弃。

要使图书馆走出困境,首先需要的是政府的重视和社会的支持,对图书馆界而言,当务之急是突破传统,革故鼎新。最重要的是大胆起用那些热情学习,真正掌握现代信息技术,并有信心和能力改造传统图书馆,使之与信息社会接轨的专业人员来担任馆长和业务主管。可以肯定,他们将会立即投入全部精力更新工作人员的观念,提高其素质,并充分挖掘现有技术、设备和人才的潜力,使之真正服务于图书馆信息化,而不是成为摆设或"准摆设"。与此同时,他们也将带着浓厚的兴趣观察、研究并预测图书馆未来的到来,并提出相应的对策。就本人的认识而言,当今积极参与文献资源共享活动并以国际化、信息化的观点、技术来指导和操作这一活动,应该是图书馆界走向信息时代的良好开端。一年多来,上海市文献信息资源协作网的筹备、组织和协作活动所取得的成功,使我们看到了希望的曙光。

中欧国际商学院图书馆副教授　杜谦

【讨论】

在我们看来,虚拟图书馆并不处于一种假设的状态,而是在不久的将来就会逐渐形成。对此,我们图书馆员首先要在观念上有所转变,改变图书馆追求大而全、图书馆服务仅限于书刊借还等现状。在目前图书经费紧张,文献资料价格不断上涨的情况下,盲目追求各馆的大而全,既不现实也无必要,我们需要的是信息高速公路上所载的货物大而全。对于各馆来说,只需要保证其某一特色的文献资料的完整性,逐渐形成自己的馆藏特色。这样,不仅使有限的图书经费用在刀口上,而且也保证了网上数据的全面完整,避免了重复,节约了资金,同时也满足了读者的各种需求。

为使虚拟图书馆尽快成为现实,我们在充分享用网上资源的同时,还必须担负起快速往网上装载数据的职责。现在,我们各馆都在投入大量的人力、物力、财力进行回溯建库,既造成大量的重复劳动,网上数据的质量又得不到保证。我们不妨借鉴美国OCLC数据库建设的经验,建立一个权威性的编目中心来组织建库,制订出各种统一标准,对各馆提出的数据加以校对,保证上网数据格式的标准化、规范化。

同济大学图书馆　刘萍、李萍

【讨论】

有幸拜读了吴建中先生与科林·史蒂尔先生"关于图书馆未来的对话"。这是一篇扩大新视野、增长新知识的好文章。对话比较清晰地给我们描绘了 21 世纪世界图书馆事业发展前景，很受启发。

传统意义上的图书馆业务将面临着巨大的挑战，原有的采、编、藏、管的管理模式将随着电子图书馆的兴起而被改变，信息源的再加工与组合将成为新话题。图书馆业务将逐步通过数据库的加工和开发以及重新组合信息源的工作，来逐步使现有的图书馆向电子图书馆发展，最终达到图书馆的收藏与电子图书馆的发展相吻合。

目前图书馆员所拥有的传统技能，已难以适应现代化发展的需要。21 世纪的图书馆需要有一批信息向导式的专家队伍。未来图书馆员不仅需要有丰富的文献知识、查询知识，而且还需要有熟练的网络查询技巧，用现在的话来说，最起码是一个 Internet 的好手或专家。

Internet 的迅猛发展，大大超过其他科技领域的发展速度，21 世纪的图书馆将成为网络化的图书馆，很多工作将在网络上进行。对图书馆来说，文献信息的数字化与网络化是图书馆今后发展的关键。

未来图书馆的信息加工，将向自动化和社会化发展。大量的文献信息从它发布开始就已经是数字化的了。今后图书馆的工作重点将围绕着图书馆信息服务展开，因此，图书馆应该把大量的精力和物力投入到信息的分析、综合和咨询服务上。

上海图书馆、上海科技情报研究所
业务处副处长、高级工程师　陈忠

公共图书馆是市民的第二起居室

作为一个社会文化机构,图书馆的任务是保障自由畅通,毫无保留地向全体市民提供已出版的各类文字、图像以及音频信息,为他们创造娱乐性阅读、自学进修以及信息研究等的良好环境。社会越向前发展,图书馆在市民心目中的地位就越重要。

——— P. J. 舒茨(荷兰)

P. J. 舒茨(P. J. Th. Schoots):1929 年生。1974 年起任荷兰鹿特丹市立图书馆馆长。1981 至 1987 年任国际图联图书馆建筑与设备委员会主席,1983 年至 1985 年为国际图联专业委员会委员,1985 年(至 1991 年)当选为国际图联执行委员会委员。1987 年起,任荷兰图书馆与信息顾问委员会委员。1994 年退休,现任福克纳布朗咨询公司顾问。

通讯地址:Gemeentebibliotheek Rotterdam Hoogstraat 110 3011 PV Rotterdam,The Netherlands. Tel. +31 – 10 – 2816100; Fax +31 – 10 – 2816181

吴:近几年来,由于新技术的广泛应用,图书馆无论在信息处理还是在信息服务方面,正在经历着一场深刻的变化。作为一个长期在图书馆工作,并经历过传统的和现代化服务方式的馆长,你如何看待图书馆所面临的变革？

舒：这些年来，我们一直在谈论这样一个话题，就是说，外部世界的变化，将对图书馆的发展产生什么样的影响。有人担心新技术会导致图书馆在不远的将来消亡。我不同意这样的说法。首先，很多年以后仍然会有图书和期刊存在，尽管数字化信息大量发展，但印刷品资料仍然会呈现出有增无减的趋势。其次，虽然在信息领域，新技术正在迫使图书馆和读者改变信息处理、传递以及利用的方式，但是，公共图书馆作为一个为市民服务的社会文化机构的性质并没有改变。图书馆向公众提供的服务将远远超出信息的范围，比如说娱乐和教育。我没见过哪个读者在电脑上作消遣性阅读，也没见过哪个读者在电脑上看长篇文章。不少读者来到图书馆，并不一定为了想看某一特定的东西，而是随便浏览一下，看看有什么值得一看的东西，或者只是来会会老朋友，他们把图书馆当作了第二个起居室。多少年来，公共图书馆在市民心中的形象并没有改变，今后也不会有什么根本的变化。要说变化，我认为，最大的变化是图书馆的管理方式以及新技术环境对图书馆人员提出的新的要求。

吴：我在想，当图书馆达到相当程度的电子化以后，大量信息将通过网上传递，图书馆是不是还需要那么多、那么大呢？

舒：对其他图书馆、尤其是对专门图书馆来说也许如此，但我并不认为公共图书馆作为一种建筑物会变得越来越不重要。我并不相信它会演变成一种像电脑＋电话之类的"图书电话亭（bibliocell）"。我们明天仍然会像今天一样需要图书馆建筑。在那里我们照样向读者提供数字化的信息，我们照样需要经过专门训练的图书馆员去服务于读者。有关建筑，我一直坚持这样的观点，公共图书馆作为一种社会文化设施将永远存在，正像上海需要一个新的图书馆一样，每个城市都需要有图书馆，不仅用来收藏印刷品资料，而且用来供人们开展文化娱乐活动。图书馆不只是一个藏书的地方,更是一个社会的、文化的中心,有会议室、展览厅以及剧场等。也就是说,在这里要配备所有对公众有用的信息设施,要求所有的图书馆员能有效地运用这些设施来为公众服务。这就是图书馆的社会使命,它把上述所有的功能都汇集在这样的机构里,你能说它不重要吗?

吴:不少公共图书馆还没有跳出"书本位"的圈子,这是一个观念上的问题。我同意舒茨先生的说法,公共图书馆是社区的社会文化中心,其功能远远超出了书的范围。比如,最近我们收到都柏林市立图书馆寄来的关于在国际大都市间举行评选国际文学奖活动的通知,它要求由图书馆推荐本地区的优秀文学作品参赛,而且要有图书馆馆长的签名。

舒:在鹿特丹,图书馆承担了市政府很多在市民服务方面的工作,而且在图书馆里,专门设立了各种市民咨询服务窗口,如职业介绍、文化活动等,我本人也兼任过鹿特丹市体育与娱乐委员会的主任、市海洋博物馆的馆长等职务,图书馆要通过各种各样的方式参与社会文化事业。

吴:随着现代化技术在图书馆的广泛普及,许多传统的工作必然会被机器所代替。从图书馆的专业性质来看,你认为哪一些是可以被自动化代替,而哪一些是机器所代替不了的?

舒:是的,我们已经看到在世界上不少图书馆里,传统的工作岗位正在消失。比如说,我们已经不需要很多人在流通部门工作,我们让馆外的人来做分类编目,从书刊采购到验收,都实现了自动化等。总而言之,大部分手工劳动都可以由机器来代替。另一方面,我们知道信息在未来是一个发展的领域,我们必须配备更多的人员去做信息研究和咨询服务。同时,我们也要加强自动化部门的人员配备。还有一些工作在现在和将来都不会有太多的变化,如儿童图书辅导和残疾人服务等。这些工作更需要人与人之间的感情联系,机器是无法代替的。

吴：信息研究和咨询服务看来是今后图书馆专业工作的核心。在信息处理如分类、编目等部门，大多数技术性工作是可以社会化的，除了大中型图书馆还需要保留这一部门以外，其他图书馆完全可以共享书目资源。在国外不少图书馆里，分类编目人员大量减少，原因是这部分工作都实现了社会化。这样，对图书馆专业来说，就提出了新的要求。

舒：由于数字化信息的大量普及，公共图书馆在信息资源和读者之间将扮演十分重要的角色。电脑管理系统和数据库越来越多，给读者在检索上带来的麻烦也越来越大。读者需要帮助，而公共图书馆是提供辅导和帮助的最理想的场所。为了更有效地辅导读者，我们需要有受过不同类型教育的工作人员。他们不仅富有学科知识，而且懂得如何查询信息资源。图书馆学院的教育方式必须改变，公共图书馆不仅需要学过图书馆知识的人，更需要专门家。作为大型图书馆来说，我们要求图书馆员不仅自己掌握电脑查询的方法，而且还要帮助读者在茫茫的大海中寻找到所需的信息资料。

吴：舒茨先生，从目前公共图书馆运行实际情况来看，今后在图书馆馆员招聘方面，应该着重注意哪些方面的问题？

舒：图书馆在招聘工作人员的时候，首先应考虑让他们做哪一项具体的工作。图书馆不同岗位的工作，需要不同的知识背景，尤其是在信息领域，我们需要的是有各种专业背景的信息专家。从总体来看，公共图书馆需要既懂得图书馆学又具有学科知识的人。过去我们只强调图书学专业文凭，实践证明这是片面的。

吴：如果说图书馆的工作重心要实现从信息处理向信息咨询服务转移的话，那么仅仅有图书馆学知识是不够的。现在图书馆学院也注意到了这个问题，在课程设置方面开始强调广泛吸收其他学科知识，以调整学生的专业结构。

舒：但是对于管理层来说，要求就不一样了。一个公共图书馆的馆长应该是一个管理者。当然这并不意味着他(她)不需要图书馆学科背景。我们过去在挑选新馆长的时候,总是把图书馆专业文凭作为第一因素而忽视管理方面的能力,现在看来这种观念要改变。比如,我现在正在为一家与图书馆有关的小型咨询公司(Faulkner-Brown Associates)工作,在挑选专业干部方面,我们常常需要花很多时间和精力去纠正图书馆理事会所作的错误决策。

吴:在一些国家的图书馆法或规章制度上,图书馆学文凭是作为聘用专业干部的基本条件而确立下来的。但在专业制度非常严密的英国,已经有过突破的先例。一个没有图书馆学文凭的郡文化中心负责人担任了郡图书馆的馆长,在图书馆界引起不小的震荡。

舒:我认为,首先观念要转变,由于图书馆的外部因素发生了变化,内部管理体制当然要跟着变化。

吴:在过去10年里,图书馆行政管理领域发生了不少变化,如在日本,一些地方政府把公共图书馆交给民间团体或公司实行委托管理(contracting-out);在美国,有些联邦政府也把政府部门的图书馆承包给私营机构。舒茨先生,你是怎样看待这个问题的?

舒:我认为政府应该重视图书馆在社会中的地位。作为一个社会文化机构,图书馆的任务是保障自由畅通,毫无保留地向全体市民提供已出版的各类文字、图像以及音频信息,为他们创造娱乐性阅读、自学进修以及信息研究等的良好环境。社会越向前发展,图书馆在市民心目中的地位就越重要。关心图书馆、支持图书馆是政府应尽的责任。图书馆在管理方面可以采取一些灵活措施,虽然政府将某些任务承包出去,但仍旧应该承担责任。

吴:最后一个问题,请你给我们谈一谈公共图书馆的发展前景?

舒:我对未来,尤其是对公共图书馆的未来非常乐观。我相信公共图书馆将会有一个光辉灿烂的前景。当然,这取决于我们对目前自己所从事的工作的理解程度。我们必须改变原有的工作方式,每一个机构都必须适应变化,公共图书馆也是一样。同时我们也必须转变我们的观念:即帮助我们的读者,这是他们的图书馆,这是我们的责任。

【讨论】

吴建中先生与舒茨先生的"对话"读后感触很深。"对话"围绕当前图书馆界对公共图书馆未来的作用和办馆观念上亟待弄清的一些问题,切中要害,很受启发。希望能引起图书馆界同行的重视,一起来探讨,使大家对公共图书馆的未来在宏观思路上取得共识,少走弯路。如何看待公共图书馆的改革? 怎样改革? 计算机技术的普及,大量信息通过网上传递,未来公共图书馆怎么办? 图书馆还要不要? 未来公共图书馆的任务、功能、作用和服务方式应该是怎样的? 未来公共图书馆的工作人员及其管理者应具备怎样的素质? 这些都是摆在我们每个图书馆工作者面前的一份试卷,舒茨先生圆满地回答了这些问题,也需要我们能交出一份好答卷。

要解决好上述问题,我认为其核心必须弄清公共图书馆的定位,在读者中重新塑造公共图书馆的形象。我完全同意舒茨先生对未来公共图书馆的论述,特别是为公共图书馆定的位,即是社区的社会文化中心。由此,未来的公共图书馆服务功能和范围不是缩小,反而应该是更广泛了,对服务人员在文化科技知识、服务意识等方面的素养要求也更高了。众所周知,随着高新技术的发展和在图书馆的应用,公共图书馆拥有的知识载体不只是书刊,视听资料、光盘、多媒体电子读物、各类数据库、缩微等相继进入图书馆。其次,近年来上海公共图书馆正在不断地扩充馆舍,图书馆拥有的空间也越来越大,如何合理利用这些空间,迫使我们在服务设施、功能上要加以变革,图书馆不仅拥有书刊,而且拥有各种先进的知识载体,需要有更高要求的空间、技术设备和管理人员,才能使各种载体顺利地运作,给广大读者享用。为此,未来的公共图书馆管理除了有传统的书刊借阅外,还可以有学术交流厅、会议厅、演播厅、展示厅、卫星直播厅、高级听音室、各类信息发布厅、电子读物阅读室、多媒体阅读室、各类信息检索室、LD 和 VCD 放映厅等。未来的图书馆不再是平面的,而应该是呈多元化、立体的,使政府部门、各层次的读者、专家、企业家都来利用。

为此,未来的公共图书馆必须大力加强服务功能,使读者不仅获得知识和各类信息,辅导他们利用计算机检索,提供各类数据库,而且还有一个舒适、优雅、宁静的环境,让读者通过图书馆优质服务,得到温馨和愉悦。过去在图书馆门口贴着"主动、热情、耐心、周到"八个字,我希望这八个字不要当成标语口号,而应成为每一个图书馆工作者出自内心的真情实意的服务准则,我想有这种服务意识的图书馆,才是广大读者所需要的未来的公共图书馆。

上海市黄浦区图书馆顾问　沈恩泽

【讨论】

"公共图书馆是市民的第二起居室"的对话,为我们展示了公共图书馆的现代化发展前景。公共图书馆在信息时代的发展,不仅是服务手段的变革,而是服务观念的变革。

未来公共图书馆的工作方式应该从现在的被动式改为主动式。通过科技手段使藏书资料成为电脑信息,只是改变了传递形式,而要成为真正有价值的信息资源,仍然要依靠图书馆工作人员的创造和宣传,向公众揭示该馆文献的积累范围和程度,同时也让社会了解该馆的服务形式,才能不断扩大读者队伍。目前,我们正在联系本区的一些企业、商业单位,宣传我馆的文献状况和服务特色,建立信息网络,以期实现信息资源高速传递。未来公共图书馆的工作内容应该由单一化变为全方位化。传统的"书本位"观念长期束缚着人们对社区文化发展的贡献,同时也遏制了图书馆事业的发展。为参与社区的艺术、体育、娱乐以及其他文化休闲活动,近年来我们探索组织音乐、书法、美术、讲故事等活动,不仅扩大了读者群体,而且使参与群众的艺术素质得到提高,我馆在社区的形象和地位也相应得到提高。

未来公共图书馆的工作形式日趋多样化。为深化读书辅导活动,1995年我们举办了展览、影视、演出、沙龙等形式的活动,参与者踊跃,收到良好的效果。因此,未来公共图书馆的建设还应当配有适当规模的影视厅、展览厅、剧场、文化休闲室等活动场所。

未来公共图书馆的工作管理体制,应该由侧重专业化转为注重人文化。目前,我们在对图书管理员进行电脑培训的同时,还设置了与社区密切相关的公关、辅导岗位,并聘请在我区居住或工作的学者、专家担任兼职咨询顾问。他们已在沟通图书服务与社区文化建设中初露头角。

我们只有对未来公共图书馆的发展作正确定位,才能使它逐步发展成为社区文化中心,真正成为构建社区文化的主要社会文化机构。

上海市静安区图书馆馆长　邵亚芬

【讨论】

由上海图书馆副馆长吴建中博士主持的与国际图书馆界权威人士关于"图书馆未来"的对话,使读者扩大了视野、开阔了思路,可以说是一次国际性的很有意义的笔会。

吴建中博士与澳大利亚国立大学图书馆馆长科林·史蒂尔教授为我们生动地描绘了未来图书馆的景象。现代科学技术使得个人电脑与微机工作站能够直接与互联网络(Internet)联网,使用户不仅可以在图书馆,而且还可以在家中通过电脑屏幕寻觅他们所需要的信息。现在人们已经不满足于在网上进行书目检索,而更加重视内容上的存取,如全文检索等。这种以电子化服务为特征的"未来图书馆"当然令人鼓舞,但我们不能忽视传统图书馆的建

16

设。荷兰图书馆专家舒茨先生说得好，"我没有见过哪个读者在电脑上作消遣性的阅读，也没有见过哪个读者在电脑上看长篇文章"，可以肯定地说，未来的大多数读者还将主要喜欢阅读印刷型的书报杂志，这是因为阅读书刊既方便又无需设备，"未来图书馆"代替不了传统图书馆。尽管在未来社会里图书馆对书刊的处理与流通采用计算机技术管理，但各种人与人之间的交流和服务将依然存在。即使在参考型图书馆，如大型公共图书馆、高校图书馆、科研系统图书馆，建筑物并不会消失，只不过是购书量可以适当减少而已。

目前，我国绝大多数图书馆工作者还只具备传统式的专业技能，为了适应电子计算机应用及"未来图书馆"技术引进的需要，亟需充实外语、电子计算机等知识，适应图书馆未来发展的需要。

江苏省图书馆学会学术委员会

副主任、副研究馆员　张展舒

【讨论】

目前，信息技术的发展给图书馆事业的发展带来了诸多课题，使图书馆发展的研究跃上了一个多面立体的三维空间，具有了更为广阔的天地。吴建中博士访谈录以此为中心，辐射讨论了一系列问题，很有针对性。由于西方发达国家在信息技术应用方面处于领先地位，他们在图书馆实践中遇到的问题，对我们来说可能具有某些程度的未来成分，但是，这种讨论对我国图书馆界同样具有现实意义，我想，这是一种未来与现实的双重思考，对于图书馆事业发展的定位具有积极意义。

电子出版物的出现，曾使世界出版业担心传统出版方式将因无纸社会的到来而渐趋消亡。但这种担心很快就被理智的思考所替代，至少目前不会有此可能。舒茨先生关于电子信息产品将和印刷品资料长期共存，图书馆不会演变成"图书电话亭"的看法，也正是国外图书馆界在经过初期激动之后的冷静思考。因此,诸如:专业、科研、企业图书馆与一般公共图书馆在接受信息、电子通讯技术方面的态度和各自发展的区别;积极发展现代信息技术与继续在传统服务领域中开拓、创新的关系;图书馆向信息产业发展,还是图书馆作为社区文化设施,继续保持其教育功能、文化娱乐功能,以满足社会需求的问题;继续加强传统文献保存方式、保存条件的研究力度问题等,这些问题都会直接影响到图书馆发展的定位,有待于进一步的研究和认识。吴建中博士的提问和舒茨先生的回答,对开展这方面的研究不无启迪,这是一种源于现实的未来的思考。

上海辞书出版社图书馆馆长　王有朋

【讨论】

"市民的第二起居室"的对话,突出热点,立足现实,抓住趋势,展望未来,读后给人启迪,催人思索。

第一,公共图书馆是向社会公众提供文献信息和知识咨询服务的社会文化机构,它在为我国社会主义物质文明建设和精神文明建设服务中,有着不可替代的积极作用。当前在加强两个文明建设和贯彻"科教兴国"、"教育为本"的两项基本国策中,图书馆要全方位、多层次发挥自己的功能,制订规划、落实措施。

第二,依托社区文化建设形成集团,组建、联建、共建、共享网络,全方位服务社区。上海地区在促进图书馆现代化中,建立了由高校、科研、情报和公共4大系统30家图情单位联办的文献信息资源协作网,对实现上海地区文献资源电子化、网络化、专业文献集团化、整体化、高效化以及保障文献资源合理优化配置和充分高效共享提供了组织保证。但目前仍需在扩大协作网成员、学科文献信息源和电子计算机联网等方面作不懈努力。促进文献资源大流通、大共享,全方位、多层次服务社会。

第三,转变观念,深化改革,加强管理。当前图书馆的外部环境发生了变化,图书馆内部管理体制当然也要跟着变化,这就要求改变传统观念,树立起适合图书馆发展趋势的观念。工作人员必须是具备专业知识背景和能熟练获取网上信息资源的信息专家。管理者要善于把握趋势,抓住机遇,适时推进管理体制改革,充分调动图书馆干部、工作人员的积极性,以及读者利用图书馆馆藏文献信息的积极性,使图书馆的工作重心由信息处理转移到信息咨询服务轨道上来。

上海交通大学副教授　徐家齐

上海财经大学图书馆　张立英

保护文化遗产、抢救文献资源

　　图书馆资料的保护是文化与学术发展、继承的基础工作,是国与国之间相互依存的共同事业。各国不仅有责任保护好自己的出版物,而且应该承担对与本国的文明、文化有关的其他图书馆资料进行保护的义务。

——M.T.瓦拉莫夫(法国)

　　M.T.瓦拉莫夫(Marie-Thérèse Varlamoff):女,1941年生。1965年毕业于巴黎大学。1974年任圣·热尔曼古文化博物馆图书馆馆长,1980年任法国国家图书馆展览部主任,1985年任公关部主任,曾担任法国图书馆协会秘书长。1994年任国际图联文献保护国际中心主任。撰有《国家古代文化博物馆》、《高卢时代》等著作4本和论文10余篇。

　　通讯地址:International Focal Point, Bibliothè-que Nationale de France,2 Rue Vivienne 75084 PARIS Cedex 2,France.

　　Tel. +33-1-47038726;

　　Fax +33-1-47037725

　　E-mail:MTV@BNF. FR

吴:亚力山大·威尔逊先生在 1984 年访问中国的时候,曾经对他的听众们说过这样一句耐人寻味的话,图书馆员在文献保护方面的知识是相当贫乏的。瓦拉莫夫女士,你不认为这句话太夸张吗?

瓦:我觉得他并没有夸张。今天,文献保护已经是一个世界上绝大多数图书馆员能共同接受的概念。但是,在 20 年以前很少有人听说过这个题目。尽管文献保护技术及其基本原则已经流传了不知多少年,但在欧洲,文献保护的浪潮是在 80 年代才兴起的。那时候不少权威性的国家报告对图书馆馆藏处于的状况提出了警告。比如,在法国国立图书馆 70 年代的一份调查报告指出:有 650 万册藏书处于危险状态。这方面我还可以举出很多例子。可以说这是世界各国面临的一个共同问题。这就是为什么国际图联决定创立一个叫做 PAC(preservation and conservation 即文献保护)的核心计划,其目的在于确保任何形式和载体的图书馆资料(不论是已经出版的还是未正式出版的)得以永久保护和方便利用。PAC 计划是于 1984 年在内罗比会议上正式提出,在 1986 年维也纳图书馆资料保护学术研讨会后开始启动的。

吴:各国在文献保护方面采取了不少紧急措施,比如在中国,文化部于 80 年代初,牵头组织全国各地的大中型公共图书馆实施一项文献抢救计划,对建国以前的旧报纸和旧期刊进行大规模的缩微拍摄。

瓦:说到抢救文献,我特别要介绍一下世界教科文组织(UNESCO)最近推出的一项重要计划,即世界追忆(Memory of the World),该计划旨在保护文化遗产,抢救文献资源,特别是要保护那些处于危险状态的资源,包括手稿、印刷品以及音像资料等。通过高新技术保障这些资源能够被方便利用,同时确保这些原件完好无损地保存下来。

吴:最近有哪些具体活动呢?

瓦:1993年9月在波兰举行了第一次会议,会后产生了5项先行计划,它们是:1.捷克国家图书馆与UNESCO和Albertina公司合作建立的馆藏珍贵手稿数据库,即"布拉格"计划;2.11世纪至17世纪有关保加利亚历史、文学以及文明的手稿资料,存入一种交互式光盘的"圣索菲亚"计划;3.俄罗斯科学院与UNESCO和美国国会图书馆合作开发的欧洲文明史"拉兹维尔年表"光盘数据库;4.拉美7国的国家图书馆共同参与的有关19世纪新闻出版的"依贝罗亚美利加记录",已有2000多种报纸以及出版社通讯输入电脑数据库;5.也门共和国对1972年莎那大清真寺倒塌后发现的约千种"莎那手稿"的处理计划。我想借此机会转告中国的图书馆员、文物保管员以及技术专家,希望大家积极关心并参与UNESCO的这一宏伟规划。

吴:瓦拉莫夫女士,从图书馆专业杂志所提供的材料来看,几年前文献保护确实热了好一阵子。但现在这种热情好像被光盘热(或数字化热)给冲淡了。你是怎么看待这个问题的?

瓦:在文献资源大量涌现、纸张产量不断增加、同时现代化技术迅速发展的环境下,人们对文献保护的认识(outlook)也在不断改变。光盘技术也好,数字化技术也好,都为文献保护尤其是利用,提供了有效的技术支持。但是旧书的保护问题并没有得到解决。一方面,各国图书馆仍然面临着大量处于危险状态的图书资料亟待处理,另一方面,由于纸张的供不应求,纸张质量普遍下降,酸性纸仍然在大量使用,我认为文献保护万万不能放松。尤其是那些经费和技术力量薄弱的地方,如非洲、拉丁美洲、东南亚和中亚等国家图书修补主要是依靠手工来进行的,而且由于缺少专业人员,许多破损的图书还大量积压在那里,我认为对他们来说,预防性保护(preventive conservation)是防止藏书进一步恶化的最好途径。

吴:你能不能介绍一下,在文献保护技术方面有哪些最新进展？

瓦：不少图书馆开始注意改变文献保护的策略，即在重视创造合适的环境条件保存资料，以延长使用寿命的同时，强调长期的（long – term）以及大量处理（mass processes）技术来保护已有的文献。美国国会图书馆从70年代起就开始重视这一问题，他们尝试用各种方式对图书进行大量处理。最近美国国会刚刚通过一项新的计划，允许国会图书馆在未来两年里，在评价原有的图书处理技术的同时，开始使用一种新的图书脱酸技术。根据该计划，国会图书馆要在两年里，用称为 Bookkeeper 的成批脱酸技术处理72 000册图书。过去该图书馆曾经使用二乙锌（DEZ）气体进行成批脱酸处理，并于1975年获得专利，但该技术于1994年4月停止使用。Bookkeeper用的是悬浮在液体中的氧化镁微粒来脱酸。另外，在开发的还有潮湿图书（纸张）的吸干技术和纸张牢度增强技术。

吴：再回到刚才提出的问题，光盘与数字化技术的发展对缩微技术会带来什么影响？

瓦：首先，我要说的是在较长的一段时期里，缩微技术和光盘、数字化技术之间不是谁会取代谁的问题。至少缩微技术还在发展，世界上不少图书馆仍在进行大规模的文献缩微计划，以美国报纸拍摄计划（US Newspaper Programme）为例，这项以国会图书馆为主体的计划，要求将美国及其托管领地出版的所有报纸实现缩微化。目前全国各地有22个州、125人参与这项计划，预计将用10年来完成。去年在英格兰的达勒姆市，举行了有关报纸缩微方面的研讨会，大英图书馆报纸图书馆（British Library Newspaper Library）的史密斯（Geoff Smith）先生，在谈到两者的关系时这样说，数字化系统还处在开发的最初阶段，尽管我们已经看到不少潜在的优势，但缩微在大规模和长期性的文献保护方面，以及图书馆报纸的阅读利用方面仍不失为最好的手段。我觉得他的话还是有道理的。在目前阶段，光盘、数字化技术和缩微技术在文献保护方

23

面都能够发挥各自的优势。

吴：作为 IFLA PAC 国际中心的主任，瓦拉莫夫女士，你能不能谈一谈中心在文献保护中所扮演的角色？

瓦：从 1992 年起，法国国家图书馆根据与 IFLA 签定的协议，开始实施 PAC 5 年发展规划，并在馆内设立 PAC 国际中心，与 5 个地区（莱比锡、华盛顿、加拉加斯、堪培拉和东京）中心协作研究并发展国际文献保护事业。PAC 的主要原则是：1. 图书馆资料的保护是文化与学术发展、继承的基础工作；2. 图书馆资料的保护是国与国之间相互依存的共同事业；3. 各国不仅有责任保护好自己的出版物，而且应该承担对与本国的文明、文化有关的其他图书馆资料进行保护的义务。

吴：PAC 国际中心目前有哪一些主要的活动？

瓦：首先，要修订《图书馆资料的保管与保护的原则》。该书于 1986 年出版，现在根据形势发展需要进行修订；其次，开展国际性的照相资料现状调查，并建立数据库。这项工程规模宏大，需要各国图书馆通力合作；然后，要与一些国际组织合作，编辑出版文献保护方面的国际人名录。1998 年春，我们将在巴黎组织一次以"文献保护政策的经济学"为主题的国际研讨会。另外，国际中心每年出版两期《International Preservation News》（国际文献保护通讯）。我们还要做一些与各地区中心协作协调方面的工作。如位于日本国立国会图书馆内的东京中心，该中心主要负责中亚和东亚地区图书馆的文献保护协调工作，每年举行一次文献保护研讨会，1995 年 11 月的第 6 次会议的主题是"新技术在文献保护方面的利用"。此外，该中心还出版《缩微资料保管指南》、《文献保护的今天与明天(读者版)》以及会议录等。

吴：文献保护是当今图书馆界的重大课题之一，但事实上很多在图书馆工作的人对此并不一定有足够的认识。在这方面还有哪些措施？

瓦：据东京中心最近的一项关于文献保护的问卷调查，绝大多数的图书馆都很需要在日常工作中，得到可供参考的权威性指导文件或指南，以利于图书馆员时刻注意文献保护工作。提高文献保护意识是我们国际中心的首要任务。除了出修订本以外，我们还想编一本文献保护方面的手册(Vade - mecum)。目的是让图书馆的工作人员和读者都意识到，文献保护在社会发展和文化继承中的意义和作用，以及自己在其中所扮演的角色。

【讨论】
读了吴建中博士与国际图联文献保护计划国际中心主任瓦拉莫夫女士的一场专题讨论，感触颇深。文献的保护和保存是图书馆最基本的职能之一。然而，在现代信息技术迅猛发展和文献信息量剧增的情况下，人们往往会忽视这一基本职能的重要性。因此，在这关键的时候，由专家提出鲜明的观点，展开讨论，具有现实意义。

我认为，文献的保护和保存涉及两个方面：1. 文献所包含的知识内容的保护和保存；2. 文献本身的物质形态与价值的保护和保存。具体来讲，前者注重媒体和媒体转换的研究，而后者强调载体物质形态的保护与保存的研究。图书馆应当同时对这两个方面进行研究、开发与应用，不能有所偏废。文献的保护与保存是一项长期的、复杂的工作，需要投入大量的人力、物力。因此，我们还应该从整体化建设的高度来实施这一任务，特别要重视以下几个方面：1. 要制订符合本国和本地区情况的文献保护与保存计划；包括对本地区及全国文献劣化程度的全面调研，建立合理的文献保护、保存工作的运行机制；2. 要加强同相关行业的协作，共同研究，实施文献保护与保存计划；3. 要加强图书馆工作人员的文献保护意识与职业教育，培养出各种层次的专业人员，以满足文献保护与保存工作的需要。

当前，上海地区已成立了资源共建共享协作网络，这给开展文献保护与保存工作提供了良好的基础。我们应该充分发挥这一优势，统一规划，统一实施，使上海地区的文献保护工作上一个新台阶，较好地完成历史赋予图书馆的使命。

上海第二医科大学图书
情报中心副主任　张文浩

【讨论】

吴建中先生与瓦拉莫夫女士关于"保护文化遗产、抢救文献资源"的对话，阅后受益匪浅。对于一位多年从事抢救文献资源工作的图书馆工作者来说，更加树立了信心，开拓了视野。今天，文献保护已是世界上绝大多数图书馆共同面临的任务。

"对话"的观点明确：缩微技术没有过时。当前缩微技术、光盘、数字化技术之间不是谁取代谁的问题，缩微技术还在发展。世界上不少国家的图书馆仍在制订大规模的文献缩微计划。例如，美国有报纸拍摄计划，美国犹他州族谱学会所收集的世界各国、地区的原始资料全部是缩微胶卷。缩微技术在日本使用也非常广泛。运用缩微技术展开大规模、长期性的文献保护和图书馆阅览仍不失为最好的手段。

缩微技术在不断发展，不断完善。我馆利用缩微技术拍摄抢救了大量珍贵文献，使之长期保存并方便读者利用。我但愿缩微技术与光盘、数字化技术能相互补充，更好发挥各自特长，造福于人类。

上海图书馆、上海科技情报研究所
科印制作部副主任　李名世

有偿还是无偿？

作为公共教育的原则，任何人都有受教育的权利。公共图书馆服务就是以保障这种人人受教育的权利，以及向人们提供作为义务教育之延伸的继续教育为目标的，因此我认为，这一保障基本人权的事业，必须由公共机构用公费来承担并予以实现。

——盐见升（日本）

盐见升：1937年生。1960年京都大学毕业，1971年起任大阪教育大学图书馆学讲师、副教授、教授。现任日本图书馆协会常务理事、图书馆政策特别委员会委员长、日本图书馆研究会理事长、日本图书馆学会理事。主要著作有《生涯学习和图书馆》、《知识自由和图书馆》、《作为教育的学校图书馆》和《日本学校图书馆史》等。

通讯地址：日本国京都市西京区山田

四ノ坪町1－12，电话：075 381 7882。

吴：公共图书馆从诞生到现在不过100多年，在整个图书馆发展史上只能算是很短的一个历史阶段。但近年来世界各地普遍兴起的私有化浪潮，对社会公益事业带来很大冲击，不少人（包括我在内）担心这一冲击会不会影响支撑公共图书馆根基的免费服务原则。今天，在图书馆界到处都可以听到关于 Fee or Free，即有偿还是无偿问题的争论。盐见升教授,你能不能给我们谈一下这场争论的意义?

盐:从 1994 年 IFLA 大会在重新修改 UNESCO(联合国教科文组织)《公共图书馆宣言》(Public Library Manifesto)的问题上引起激烈争论可以看出,Fee or Free 正成为当今图书馆界争论的热点之一。19 世纪以后逐渐确立的公共图书馆免费原则,在图书馆的外围环境发生激烈动荡的形势下开始动摇。人们开始提出这样的问题:在电子技术发展的推动下,信息服务不断扩大,那么,无偿服务可以与之并存到什么程度呢? 从根本上来说,在公共服务与财税负担之间的矛盾等问题上,日本与欧美各国有共同之处。技术进步推动了图书馆服务的发展,但同时也向我们提出了公共负担的承受能力问题。也就是说,"何谓公共图书馆?"这样一个极其简单的问题,又重新摆在了我们的面前。

吴:这场争论从 70 年代就开始了,而且随着现代化技术在图书馆的广泛应用,这个问题表现得越来越突出。当图书馆现代化已经发展到不仅仅只是充当信息传递或提供手段的时候,争论的焦点就不再停留在成本之类的问题上了。

盐:是的,还是让我们先回到原来的出发点上。正如联合国教科文组织的宣言强调的那样,公共图书馆是依法设立的、由公费(public fund)支撑的、无偿对任何人开放的机构。这一原则早在19 世纪中叶就开始在美英等国确立,并很快得到国际上的广泛承认和支持。由此形成了所谓 UNESCO 宣言,在日本真正从完整意义上确立这一原则相对来说比较晚,是在战败后 1950 年《图书馆法》公布以后才开始立法化的。该法第 17 条规定"公共图书馆不应征收包括入馆费及其他有关利用图书馆资料方面的一切费用"。到目前为止,公共图书馆一直严格遵守这一原则。一些欧美国家在馆际互借、外地(籍)读者的利用、小说以及绘画资料的外借方面等,实行收取一部分费用的做法,在日本是行不通的。免费原则不仅适用于资料的利用方面,而且适用于会议室的外借方面。在复制服务方面,由于复制品归使用者所有,所以没有人对此提出异议。总而言之,当图书馆新开辟外部数据库资源利用服务的时候,必然会产生对立的判断和对《图书馆法》的解释问题。可以说,今后在这一问题上肯定会有比较激烈的争论。日本图书馆协会的图书馆政策特别委员会出版的《公共图书馆的任务和目标解说》增补版(1995年6月发行),发表了对此问题的一些看法。比如,提出积极提倡"把CD-ROM化的数据库当做图书馆资料来收集,并尽可能发展免费的信息服务等"。该书出版的目的是抛砖引玉,希望由此引起热烈的讨论。

吴:现在有一种基本的共识,即在无偿与有偿的问题上,首先把图书馆服务区分成基本的(basic)和非基本的(non-basic)两大部分,基本的也就是说图书馆的常规服务,如资料的借阅等一般是免费的,而非基本的一般是收费的,当然,对非基本的服务有一个认识问题,很难给它下定义。比较突出的是外部数据库,尤其是商业数据库在图书馆的利用问题。盐见升教授,你是怎么看这个问题的?

盐:众所周知,近年来通讯与电脑的结合所带来的技术进步,为更大规模的数据库的形成及其联机检索创造了良好的发展空间。但是,它首先推动了以盈利为目的的信息服务产业的发展。目前,公共图书馆要考虑是否把这些外部数据库包括进对外服务的项目中,其实有些公共图书馆已经推出这一服务,大学图书馆由于通过官办的学术信息中心而使得这些服务更加便利。利用频率最高且最受欢迎的要数报纸的全文数据库。但在现阶段,对于是否应该收费的问题上争议较大。有些图书馆把它看作与参考书同样的信息源而给予免费提供,而有些图书馆则把它当作特殊服务向读者征收一定的费用,但这一做法与《图书馆法》第17条有关免费服务的原则相抵触,今后在这一问题上肯定会有争论的。

吴：通常人们把这种特殊的服务叫做"增值信息服务"（value – added information service），所以提出应该向使用者收取一定的费用。

盐：我想，之所以会产生对联机检索外部数据库实行有偿服务的议论，主要是因为：一方面这种服务与传统服务相比要花费更多的成本；另一方面这类服务往往只被极少部分人所享用。因此，有人提出不应该把它看作是图书馆的基本服务项目，既然它是一种特殊的服务，那就必须确立由受益者承担费用的原则；而且外部数据库不算图书馆资料，所以与免费原则毫无抵触之处。对此，我是持否定态度的。诚然，要求检索外部数据库的人是少数，但是鉴于电子出版物盛行，有些作品首先或仅仅以电子产品出现，用户只有通过利用联机数据库才能检索到，这样就与任何人都有权获得信息的原则相冲突，就是说信息被分成一般的和特殊的两种，后者的利用是有偿的。结果，在信息获得上就会分成有无经济能力两种，所谓公平获得信息的信息自由原则就会受到制约，更重要的是公共图书馆赖以存在的根基就会产生动摇。我认为，公共的社会机构尤其是图书馆必须把握信息公开和自由的原则。老实说，我对在经费负担加重和服务不断扩展的矛盾中，这一原则到底能够贯彻到什么程度感到不安，但我认为图书馆必须恪守这一原则，只有这样，才能真正得到社会各界对图书馆的理解和支持。

吴：我同意盐见升教授的观点。尽管近年来私有化浪潮对社会公益事业带来很大冲击，但有偿服务并没有形成图书馆发展的主流。盐见升教授，有一个问题我没搞清楚，日本在对待向读者收费的问题上一直采取非常谨慎的态度，但在委托管理（西方叫contracting – out）方面却迈出了大胆的一步。1981年京都市立图书馆率先实行委托管理制，把整个图书馆委托给一个民间团体管理。紧接着，大阪、广岛等地不少图书馆纷纷效仿，委托风很快刮向全国。据说现在这种委托管理方式还是比较流行。我想听听盐见升教授对此事的评价。

盐：公共图书馆委托财团经营与免费还是收费的问题并没有直接的联系，但是，从尽量减少因图书馆管理不当而造成财政负担加重的愿望来看，这里面含有相同的因素。正像你所说的那样，80年代初，由京都市提出的委托财团管理图书馆的构想，在日本图书馆界引起很大的震动。从"高度成长"时代逆转而下，迎来了以"紧缩政府＝小政府"的行政与财政改革的时代。通过对诸如教育、文化以及福利事业的民间委托，达到"精兵简政"的目的。图书馆服务的委托管理就是在这样的环境下产生的。尽管遭到来自图书馆界和市民的强烈抵制，委托还是被强行通过，此后部分及全面委托之风在全国各地掀起。但是，有的地方还是对此持有清醒的头脑，如1994年东京都调布市政府曾经在图书馆委托管理的问题上，确认了"公共图书馆不适合于委托"的原则。

吴：京都市立图书馆这些年来实行委托管理的实际效果又怎么样呢？

盐：从该馆后来的情况来看，尽管分馆的增设进行得也很扎实，但由于财团雇员身份的不稳定性，以及在图书馆第一线担负着服务重任的财团雇员经验和水平等问题，使得图书馆服务从整体上存在很多缺陷。当时实行委托管理的初衷是"调动民间活力、实行弹性经营"，结果这一"长处"仍然未能体现出来。依照有关教育方面的法律和地方自治法，"公共图书馆不适合于委托"（尽管还不能叫违法）已经成了共识。就是在已经实行委托的地方，可以说也没有什么很成功的事例。

吴：实行委托管理可以降低成本、提高效率，所以政府当然会鼓励和推广这种模式。但委托管理只是一种手段，不是目的，不能因此而降低服务水平和质量。

盐：图书馆委托给财团管理出于抑制财政负担，尤其是人事费用庞大的考虑。从图书馆服务的要求来看，分馆的增设、服务网点的扩大、资料的充实都是不可缺少的,但是负担最大的是人员问题。委托管理把这些经费全包括在"委托费"里,在此范围里实行图书馆事业的委托管理,结果这种委托实际上成了受托单位一味追求降低成本的借口,把所有负担强加在职员身上,这样,既不利于专业人员经验的积累,也不利于图书馆发展的稳定性和连续性。

吴:80 年代初,在欧美也出现过政府把图书馆委托给公司管理的事例,如 1982 年,美国人口调查局图书馆承包给一家商业公司,由于遭到美国图书馆协会的强烈抵制,委托制没有形成气候。1987 年英国保守党议员戈曼(Teresa Gorman)女士提议修改《地方政府法案》,要求地方政府把整个图书馆服务都承包出去,但遭到强烈反对,最后不得不撤回提案。看起来在欧美委托管理不像在日本那样有市场。我这么说不知是否妥当?

盐:各国的国情不一样。比如从支撑公共图书馆事业的经费来源来看,日本公共图书馆的财源是从各种税金中抽出的一部分,不像美国实行的是确定用途的特定税项。首先由地方政府编制预算,经过议会的认可后确定下来。因此国民很难知道自己缴纳的税金具体用到哪个项目上去了。地方交付税是国家财源调整的一种手段,其依据是:从财政预算的"基准需要额"中计算出图书馆事业的"基准经费",各地方政府以此为依据,并根据各自的判断计算出图书馆事业的经费。对图书馆比较重视的会高于基准额多拨一些款,拨款的多寡取决于当地居民对图书馆的需要程度。在日本,民间对图书馆事业的捐款、赞助比较少,因此,在公共图书馆的财源中民间经费所占的比例很小。总而言之,作为公共教育的原则,任何人都有受教育的权利。公共图书馆服务就是以保障这种人人受教育的权利,以及向人们提供作为义务教育之延伸的继续教育的课堂为目标的,因此我认为,这一保障基本人权的事业,必须由公共机构用公费来承担并予以实现。

【讨论】

这是一篇切合实际并能给人以启迪的极有意义的对话。

公共图书馆应该是一个由公费支撑、无偿对公众开放的机构。特别是考虑到每个公民都能享有公平获得信息权利的信息自由原则，和任何人都能平等享有义务教育权利的公共教育原则，公共图书馆对公众进行无偿服务更是责无旁贷。但是，这些年来由于信息技术的发展，各种增值信息服务应运而生，它们冲击了传统图书馆的服务模式，动摇了无偿服务的基础，同时，不少赢利性的信息服务机构也凭藉其高效优质的服务，与传统的图书馆无偿服务进行竞争，把优质优价的概念引入了图书馆服务工作，迫使公共图书馆不得不考虑开展有偿服务。处在社会主义市场经济大环境下的我国公共图书馆，也同样面临着有偿还是无偿的选择。诚然，有偿服务会有损公共图书馆中公平获得信息的形象，从而会影响政府及社会各界对图书馆的理解和支持，而使公共图书馆失去重要的经济来源，但是，当前社会中，存在着信息的获得与用户的经济状况密切相关的客观环境，在一些表面看来是公平获得信息做法的背后，实际上隐藏着种种不公平现象的存在。如果对这些客观事实视而不见，过分地强调公平获得信息的自由原则，把有偿服务视为异端，将会造成图书馆信息服务在低效率、低层次服务的死胡同中徘徊不前，而有可能导致公共图书馆在图书信息服务竞争中的失败甚至消亡。我认为，在今后相当长的一段时期内，我国的公共图书馆服务中无偿地为公众服务，以及以优质优价的原则向特殊用户提供高层次的有偿服务将会长期并存。如何正确处理有偿和无偿这两者间的关系，将是我们这一代图书馆工作者面临的新课题。相信在大家的努力下，通过有偿和无偿的互相补充、互相促进，一定能开创我国公共图书馆服务的新局面。

上海图书馆、上海科技情报研究所
情报学研究室副主任、研究员　方保伟

【讨论】

　　读了吴建中先生和盐见升先生关于"有偿还是无偿"的对话，我想对其中有些观点谈一点不同的看法。我认为，盐见升教授所说的"公共的社会机构尤其是图书馆必须把握信息公开和自由的原则"，与公共图书馆在一定条件下和一定范围内开展有偿服务并不矛盾。首先，作为公益性事业的图书馆，根据读者的特殊需要在一些特殊服务中实行有偿服务是可行的，其前提是以向社会提供服务为目的。在信息爆炸的时代，在高节奏的社会生活中，图书馆根据用户的需求，利用现有的人才、智慧和丰富的馆藏资源，组织、开发相关信息，不仅可以提高服务的质量，更重要的是可以满足读者的各种特殊的信息需求和知识需求。其实有偿服务并非是强加于用户的服务，用户在索取信息时仍然有其自由，用户可以根据自己的需求在原始文献、或经过加工的文献中自由选择。在我们开展的一些有偿服务项目的实践中，用户对图书馆提供的各种服务还是深表欢迎的。"对话"中提到了日本图书馆进行的委托管理模式，我认为日本图书馆的委托管理是在经济从"高度成长"时代逆转而下，政府为了"精兵简政"，紧缩教育、文化等经费的情况下产生的，它与我国公共图书馆开展的有偿服务是不同的。"委托管理"是消极的，其弊端在"对话"中已经充分显现。我觉得不能一概否认图书馆对读者的有偿服务。以各种生动活泼的形式为读者提供适应他们需要的服务是一种积极的手段。图书馆员在为读者提供各种特殊服务的过程中，可以不断提高自己的服务质量，使图书馆员的价值在服务的过程中得到更充分的体现。将参与和投入社会服务中所得到的回报，用来补充事业发展经费之不足，从而可进一步开发更多更好的服务项目，丰富图书馆的服务活动。这样的良性循环对图书馆事业的发展不是很有好处的吗？

上海市南市区图书馆馆长　韩筱芳

图书馆与知识产权

　　图书馆在信息服务的过程中，一定要正确处理好著作权人和读者之间的关系，不仅要最大限度地为读者做好信息传递服务，而且要让著作权人相信，图书馆是他们出思路、出灵感的最好的书房。

—马远良

　　马远良：1938 年生。1959 年毕业于华东师范大学物理系。1981 年评为副研究员，1988 年评为研究员。1985 年起任华东师范大学兼职副教授、教授。1983 年起任上海科学技术情报研究所副所长，1994 年任所长。现任上海图书馆馆长、上海科学技术情报研究所所长、上海科学技术情报学会理事长。曾在国内外专业会议和杂志上发表论文 30 余篇。获得上海市科技进步奖等奖励近 10 项。1992 年起荣获国务院的特殊津贴。

　　通讯地址：上海市淮海中路 1634 号，电话：021－64374599，邮编 200031。

　　吴：最近，从 IFLA 版权顾问姗迪·诺尔曼（Sandy Norman）女士给我寄来的几篇论文中读到这样一段趣闻：前不久她参加了两个有关版权问题的国际会议，亲眼目睹了一场激烈的争论。由于与会者中著作权人占了绝对优势,不少代表公开指责图书馆滥用权利,严重损害著作权人的利益;来自用户方面的代表也不甘示弱,"大声疾呼",气氛很紧张,难怪诺尔曼女士觉得当时急需一顶自卫的"钢盔"。

马:很有意思,我觉得它生动地刻划了争论双方的心态,之所以会如此针锋相对、寸土不让,原因很简单,因为双方都面临着严峻的挑战。

吴:马远良教授,今天我想请你谈谈图书馆和版权的关系以及发展的动态,好吗?

马:人类正在进入信息时代。计算机和通讯技术的飞速发展,使得复制手段变得更加容易、更加高明,电子图书馆(数码化图书馆或数字化图书馆)的应运而生,加速了信息采集、编目、流通、传递以及技术服务的电子化,同时很自然地产生了电子版权(electronic copyright)或新技术应用的版权问题。

吴:电子版权是知识产权领域出现的一个新问题,你认为它对图书馆信息管理和服务会带来什么影响?

马:首先,电子版权是由电子信息引起的,所谓电子信息,是指以机读形式出现的信息。因此电子版权就是哪些受版权保护的机读信息。图书馆界论及的电子信息,主要是电子数据库(有联机、软盘或 CD – ROM 等形式)信息以及计算机程序和计算机软件等,这些电子信息可以通过国家网络以及全球互联网络(Internet)获取。其实电子版权与版权之间并没有实质性的区别,其差别仅在于记载的信息资料必须由用户解码后再阅读。但值得重视的是,对印刷型信息资料,图书馆员或图书馆用户根据规定的合理使用原则,可允许进行复制或分发,而对于电子信息,其使用权是极其有限的,所以电子复制(electro – copying)要慎重行事。

吴:电子复制主要包括哪些方面?

马:我认为电子复制主要包括 7 个方面:1. 采用光学扫描器或

文献图像处理器,将受版权保护的作品或出版物转换电子形式;2.有版权的作品或出版物,从印刷体形式重新录入成电子文字处理格式;3.从商用数据库中将电子信息资料套录成印刷本形式;4.从数据库中直接将受版权保护的信息资料,套录入电脑中加以储存以备今后使用;5.在局域网中发送有版权的电子信息资料;6.在电子邮件上发送受版权保护的作品或出版物;7.用电子传真发送受版权保护的作品或出版物。

吴:电子复制的出现,促进了信息的大量传播,同时也给侵权行为打开了方便之门。

马:是的。一方面,有版权的作品或出版物以电子数字化形式存储后,就难以甚至不可能对侵权行为加以控制,这样版权保护就成为一句空话;另一方面,作品或出版物一旦制成电子形式,更有可能在国际间传递,通过网络传到其他国家,版权问题变得更加复杂化。

吴:在这方面国际上有什么对策?

马:国际版权组织正在成立一些小组来研究控制侵权问题。如 CITED (Copyright in Transmitted Electronic Documents)项目,将构筑理论模型,寻求对电子形式作品或出版物侵权进行控制和赔偿的方法。现已出现一些采用"电子指纹"工作的系统,可应用于音像制品,防止盗版。此外,例如英国出版商协会也成立了工作小组,提出各种控制方案,包括推行合同办法来允许和控制电子复制的问题。

吴:好,让我们回到一开始提出的问题上。著作权人为什么要对图书馆如此发难呢?

马:尽管电子复制会引出版权问题,但是图书馆采用电子技术的趋势越来越明显,图书馆员和图书馆用户都有强烈的愿望应用电子新技术。这样就必然会带来图书馆方面不自觉的侵权问题。

吴:以前这个问题并不那么突出,因为那时复制手段不外乎抄写、刻印和静电复印这么几种,所以版权法主要以保护印刷出版者的利益为主,近几年来高新技术迅猛发展,向传统的出版业提出了挑战。"Publishing on demand"(按需出版)模式的出现,使出版、流通乃至复制更加方便,著作权人的利益直接受到冲击,因此版权保护开始向著作权人倾斜,国际版权会议出现上述情景也是不奇怪的。

马:是的。众所周知,图书馆和信息机构日常的工作几乎都会涉及到版权,因此这个问题是回避不了的。图书馆信息工作者在向读者提供信息资源的同时,要保护著作权人的利益,当然这个关系是比较难处理的。我认为,图书馆员一定要学会掌握"合理使用(fair dealing or fair use)"这个度。各国版权法都规定了合理使用制度。比如我国版权法第22条规定下面几种情况为合理使用:1.图书馆为了保存或存档进行复制;2.图书馆为方便读者学习、研究或欣赏而提供复制;3.为方便读者进行课堂教学或评论而提供复制;4.国家为执行公务需要,要求图书馆提供某些作品的复制。

吴:相对来说,传统的印刷型文献还比较好掌握一些,对于多媒体信息难度就很大。一方面侵权行为很难控制,另一方面复制政策很难把握,有些资料如数据库在很多国家的版权法中还没有明确规定。

马:一般来说电脑程序是当作文字作品(literary works)来保护的,虽然文字作品中有合理使用原则,但如果未经许可是严禁随意拷贝的。而数据库一般是当作汇编作品(compilations)来看待的。但是,如果数据库包含有版权的文字作品,那么,这些来源作品仍将受到版权法的保护。在欧洲共同体最近制订的有关版权的规定(EC Draft Directive)中提出,只有当数据库的选择和编排是属于原始创作时,才受版权的完全保护(full protection)70年,否则只能享受"非合理摘录权(unfair extraction right)"的特殊保护(a sui generis right)15年。

吴:马教授,应该怎样来看待数据库套录(downloading)的问题呢?

马:数据库的存取(access),取决于合同或协议中所规定的条件。从严格意义上来说,用户只有经过数据库拥有者的许可,如经过订立某种合同或协议才能进行套录,否则属于侵权行为。一般来说,如果是一次性买断的,那么数量不大的套录可以纳入合理使用范围,但必须以不损害著作权人的利益为前提。如果是租用的则必须在租用合同中作出详细的规定。至于数据库本身的版权问题,我国版权法第12条规定:"改编、翻译、注释、整理已有作品而产生的作品,其著作权由改编、翻译、注释、整理人享有。但行使著作权时不得侵犯原作品的著作权。"也就是说,书目、文摘性的检索工具(或数据库),在编排方式上和内容上有创新的可以享有版权。国际上一些大型文摘检索工具,如CA、SCI等都拥有版权,不能随意复制的。而全文数据库一般都是把文献全文输入计算机的,我想这理所当然要向来源作品支付版税。

吴:最后一个问题,你能不能给我们谈一谈"公共借阅权(Public Lending Right)"?

马:由于书价的不断上涨,读者将大量涌向图书馆。图书馆的借阅服务必然会对出版市场带来影响。英、美等国对公共图书馆推行"公共借阅权"制度,即按图书的出借比例征收一定版税分发给作者,今后有把它扩大到图书馆外借的所有资料,如唱片、电影、录像、计算机软件以及艺术品等的趋势。比如欧共体最近通过了一项关于出租和出借资料的规定,提出给予作者在出租或出借他们的作品方面的所谓专有权。但在出借方面还留了一个余地,即只要给予作者一定补偿的话,成员国可以自行决定免除这种专有权。

吴:我觉得公共外借是一种文化活动,不是经济行为。给与作者某种补偿是可以的,但是如果给他们专有权的话,很可能会导致某种资料不允许外借,或者增加很多繁琐的限制,对文化的传播和普及带来消极影响。

马:我也有同感,有的人希望把公共外借权纳入版权法之中,我觉得这是不妥当的,也是不现实的。总而言之,版权问题是一个相当复杂的问题。很多新的问题需要我们在实践中不断地探索。比如,数据库是不断更新的,版权的保护期限怎么个算法?最近,美国政府公布了《知识产权和国家信息基础设施绿皮书》,针对信息高速公路上流通的信息资源的保护问题,提出了版权法修改的建议,该文件确认了图书馆在信息高速公路的"交通管制"方面所扮演的重要角色,以及享受"合理使用"待遇的必要性。我认为,图书馆在信息服务的过程中,一定要正确处理好著作权人和读者之间的关系,不仅要最大限度地为读者做好信息传递服务,而且要让著作权人相信,图书馆是他们出思路、出灵感的最好的书房。

【讨论】

上海图书馆马远良和吴建中两位馆长就"图书馆与知识产权"的对话,对图书馆保护知识产权的责任和存在的问题进行了多方位的阐述,读后颇受启发。随着电子技术在图书馆的运用越来越普及,电子版权问题的重要性也越来越引人注目。图书馆在努力利用各种网络,更迅速地为读者提供更丰富的文献信息的同时,千万注意要在法律许可的范围内行事,切不可超越"合理使用"的界限,避免损害著作权人的利益。这不仅是未来图书馆将要面临的重要课题,而且也是目前许多图书馆已经面临的现实问题。图书馆在信息服务的过程中,同时兼顾读者和著作权人的利益,并不是一件轻而易举的事情。这正如马远良先生所说,"电子版权问题是一个相当复杂的问题"。我认为,图书馆在保护知识产权的一切工作中,都必须以有关法规的原则和精神为依据。我国是世界版权组织的成员国,1991 年 6 月开始实施的《中华人民共和国著作权法》,对于版权的许多方面都有明确的规定,在实践中也取得了积极效果。但作为知识产权重要组成部分的计算机软件、电子计算机信息等电子版权的保护,由于涉及问题比较复杂,《著作权法》还没有详细说明。这就更需要我们参照国际上的一些做法,并根据我国的实际情况,对电子信息的产权保护问题进行深入探讨,在条件成熟时,将解决的办法以法律的形式规定下来,作为大家必须共同遵循的基本准则。

上海师范大学图书馆目录学研
究室主任、研究馆员　卢正言

【讨论】

随着科学技术的不断提高,计算机和通讯技术的飞速发展,电子读物日益增多,复制手段层出不穷,致使版权保护问题愈发突现在人们面前。如何在图书馆业务中加强对知识产权的保护,显然已成为当今图书馆界一个亟待研究和解决的问题。马远良教授和吴建中博士的"图书馆与知识产权"的一席对话,向我们传递了国际版权界和图书馆界对此问题研究的最新信息,既有理论分析,又有操作对策,读罢使人受益匪浅。

我认为,"版权保护"对于我国图书馆来说,既为近忧,又属远虑。众所周知,长期以来,人们对版权保护意识不够,在图书馆业务中,经常逾越"合理使用"界限。它不仅挫伤了知识成果创作者的创作积极性,也势必阻碍了图书馆事业的顺利发展。谓之为近忧,似不为过。

电子读物的涌现以及复制的日益便捷,使高科技工作者数年的劳动成果可以在瞬间被复制,如果不对此类侵权行为加以最严格的控制,那么,创作者的劳动就难以得到合理的回报,就会阻碍科学、艺术和文学的创作进程。这是一个全世界各界人士高度关注的问题;同样应引起我国图书馆界的重视。我们理应投入必要

的精力,解决其中潜在的问题。将此称为远虑,亦属合理。马、吴两位学者的对话,无疑会启迪人们的思考,并努力拿出我们的对策。我十分欣赏"对话"中对"公共借阅权"的看法,以我国国情而论,向借书者征收版税决非是现实、明智之举。同时,我深信,随着对这类问题的深入研究,我们图书馆界一定能提出一整套合乎国情的对策。而这,恐怕也是"对话"的期盼和目的。

不过,我执拗地认为,"图书馆与知识产权"这一话题,绝不仅仅属于"关于图书馆未来的对话",它首先应是一个现实的话题。近忧不除,在缺乏版权保护意识的情形之下,是不可能构筑起保护"未来"作品的理论模型和机制。各图书馆应将"对话"视为号召,行动起来筑起保护知识产权的"长城"。

华东师范大学信息学系　周德明

【讨论】

由上海图书馆副馆长吴建中博士主持的一系列对话,针对性强,涉及的都是一些图书情报界所面临的或将要面临的实质性问题。

近来,知识产权保护这一术语在国际、国内的宣传媒介上频频亮相,成为今天人们议论的一个重要话题。我觉得在这一大讨论中,图书馆并不是局外者。长期以来,图书馆界一直相当重视如何尽可能地、迅速地、便捷地为用户提供所需信息资源,却忽视了本身在保护知识产权方面所能起到的作用和应承担的责任。也许正如吴博士所提及的"以前这个问题并不那么突出,因为那时复制手段不外乎抄写、刻印和静电复印这么几种……"这样的原因,图书馆界并没有真正引起注意,而吴博士所提供的信息:"不少代表公开指责图书馆滥用权利,严重损害著作权人的利益",至少使我们清醒认识到:全心全意地为用户服务却不知不觉地站到了被告席上。

影印刊物风曾使图书馆界人士开始感觉到了一点知识产权保护问题的实际内涵，但问题远不如人们想象的那么简单。细想一下，现代通讯技术的广泛应用，使图书馆在文献信息获取范围空间概念的扩展，从理论发展到了实践，图书馆正逐渐通过各种网络为读者提供全球范围的文献信息服务。我们现在讨论许多问题已不能单纯用"将来式"来解决问题。而需兼用"现在进行时"来考虑了。如马教授介绍的"电子版权"情况，现在对许多馆来说都是直接面对的现实问题了。国内不少图书馆和情报机构都建立了电子信息系统，计算机和光盘技术被广泛应用到文献检索这一领域，网络建设也突飞猛进。电子复制的种种手段每天都在被运用。大量的电子信息不仅通过打印广为流传，而且通过软盘拷贝等方法进入了新的传播程序。此外，电子复制的对象也不再局限于题录和文摘。在这种情况下，文献工作者普遍关心的问题是：什么样的政策最靠近"合理使用"这个度？现有的许多做法是否已经超越了"合理使用"这个度？控制电子复制的问题又从何处入手？

在传统图书馆向电子化图书馆迈进的过程中，知识产权的保护问题变得越来越复杂。图书馆在信息高速公路的"交通管制"方面，应扮演什么样的角色和如何掌握"合理使用"这个度等许多具体问题，望能引起图书馆界同仁的深入大讨论，使文献信息工作者在涉及到版权时，能灵活地掌握运用"合理使用"这个度，真正地懂得如何去从事信息时代的文献服务。

上海交通大学图书馆馆长

助理、副研究馆员　庄琦

信息服务的价值和效益

大量有关技术革新的文献表明,外界信息源和信息源的多样性,是技术革新得以发展的主要因素。……成功的技术革新者更善于利用外部技术和科技咨询。

——M. 凯尼格(美国)

M. 凯尼格(Michael E. D. Koenig):1963 年毕业于耶鲁大学,1968 年获芝加哥大学图书馆学硕士学位,1981 年获德雷克塞尔大学哲学博士学位。1980 年起任哥伦比亚大学图书馆学系副教授,1985 年至 1988 年任商业网络公司副总裁。1988 年起在罗莎利学院先后任商业研究生院教授和图书馆情报学研究生院教授、系主任和名誉系主任。曾担任《图书馆季刊》、《美国情报学会会刊》等 9 种专业杂志的编委,撰写论文 70 多篇。

通讯地址:Graduate School of Library and Information Science, Rosary College, 7900 West Division Street, River Forest, Illinois 60305, USA.

Fax: +1 – 708 – 3665360

E – mail:KOENIGMD@ EMAIL. ROSARY. EDU

吴:这些年来,我在思考这样一个问题:图书馆员一直默默无闻地埋头于信息管理和服务,很少去关心和了解自己的工作对读者、对社会到底有多少实际的贡献。那么,怎样来评估信息服务的效益呢? 凯尼格教授,我最近拜读了你的几篇大作很受启发。我想我们今天主要围绕信息以及信息服务对社会发展的作用和影响,更具体地说,是信息服务和生产率(productivity)之间的关系进行讨论。首先,请你给我们谈谈开展这一研究的意义,好吗?

凯:好。我认为信息服务和生产率之间的关系很值得研究,因为它关系到图书馆和情报机构为什么要存在的问题。过去曾经有过这方面的文章,总的来说比较零散、比较含糊,一些很有参考价值的研究成果散见于技术报告中,没有引起工商业界、甚至信息专业人员的足够重视。今天,人们已经普遍意识到信息工作的重要性,但如何来衡量和评估信息工作的效益,确实是摆在我们面前的一大难题。

吴:我觉得信息服务与生产率之间的关系,应该是一种成正比的、积极的关系,生产率高、效益好的企业往往都比较重视信息或信息服务,如何来证明这一点呢?

凯:这可以从近来开展的 R&D(研究与发展)效益的跟踪调查得到证实。举奥本(C. Orpen)在电子学和仪器制造领域与我在制药工业领域所做的调研为例。奥本发现在生产率比较高的部门(根据生产率和资金回报率来衡量),其经营管理人员一般都有以下 3 方面的行为:1. 对职工提供文献和咨询服务;2. 指导职工使用科技信息(STI),并购买 STI 信息;3. 鼓励研究成果的出版并组织专业参观活动。奥本的研究结果与我在这几年对制药工业生产率和信息环境之间的关系所得出的结论,有许多相似之处。我是根据在研究过程中,每花一个美元所得到的改进或发展的新药数量作为生产率衡量的尺度。通过研究,我发现生产率高的部门都有如下特征:对图书馆和信息中心的充分利用;对外界信息比较开放;对专有信息的保护比较宽松;职工对专业会议的广泛参与;对信息系统开发的高度重视;对各种信息系统的熟练使用和对文献的广泛浏览;信息管理人员的技术处理和主题标引能力等。

吴:这些都表明信息对企业发展来说是不可缺少的重要资源。比如,戈尔哈(J. D. Goldhar)等在研究中,归纳出6种有助于技术革新和提高生产率的典型环境,其中有4种属于信息环境:1.信息对个人的自由开放;2.信息在企业内外的自由流通;3.提倡资源共享吸引新的外部资源;4.鼓励人员流动和人际交往。

凯:大量有关技术革新(R&D Innovation)的文献表明,外界信息源和信息源的多样性,是技术革新得以发展的主要因素。Sussex大学所做的研究 Project Sappho(一种探索成败起因的实验和预测模式的研究项目),对试验的成功和失败都作了对照分析。在一个相似的工业部门,对21对(一次成功和一次失败)技术革新实验进行研究,以寻求导致成功的因素。五大主要结论之一是:成功的技术革新者更善于利用外部技术和科技咨询。《变化大师:美国企业为提高生产率而开展的技术革新活动》的著名作者坎特(R. M. Kanter)提出了6项重组机构以提高企业活力的建议,其中第2项就是信息的自由或随意的流通。她进一步认为,一个管理者需要信息、资源的支持来达到技术革新和提高生产率的目的。

吴:刚刚我们谈的主要是信息服务与生产性组织之间的关系。那么,信息服务与生产者个人之间的关系又如何呢?

凯:关于科学家、工程师以及工商业者信息利用模式的文献有不少,各位可以读一下《信息科学与技术年度评论》(Annual Review of Information Science and Technology),里面有好几章涉及这方面的问题。金(D. W. King)在评价奥克·里季(Oak Ridge)国家实验室的信息利用时,研究了生产率和生产者阅读时间之间关系,结果表明这种关系是积极的、肯定的。在这里,生产率是用下列几种方法来衡量的:正式研究报告(或记录)的数量,正式出版物的数量,建议书和研究计划的数量,口头发表的数量,向专家咨询的次数等,所有这些都表明与阅读的数量有积极的相互关系。蒙德施埃恩(L. G. Mondschein)对一些技术高度密集的企业研究人员的生产率进行了研究,通过他们所发表的论文与他们对自动化现行目次服务(automated current - awareness services),如定题服务(SDI)的利用之间的关系进行了分析。他发现经常使用 SDI 的科学家所作出的成绩,远比那些不使用或不经常使用这种服务的同行要大。这些科学家还具有广泛利用各种不同的信息源,尤其是专利情报的特点,这就使得他们始终走在科学发展的前沿。

吴:凯尼格教授,你曾经说过:科学地计算信息服务的价值,是探讨信息服务和生产率之间关系的最有效的途径之一。我很同意你的说法,但我总觉得信息服务的价值是很难量化的,你认为应该如何来衡量信息服务的价值呢?

凯:我可以举出许多这方面的例子。在埃克森(Exxon)公司,有人作过这样的调研,他们让研究人员任意选择了 20 天里发生的与信息有关的事件,结果发现其中 62% 的事件是有效益的,但只有 2% 是可以量化的。然后抛开余下的 60%,仅取其 2%,再减去研究人员在获取信息时所花费的时间,从成本效益率(cost - benefit ratio)来看,其预计效益与为该公司研究群体提供外部信息服务的成本之比为 11:1。有人认为该研究意义不大,因为它提取的是百分比很小且非典型的事例。也就是说这种计算,把眼光只放在用户的时间和成本上,而没有把企业的效益和社会的效益考虑进去。在 70 年代后期,有人对美国国家宇航局(NASA)的信息服务进行了研究。他们用分层样本法(stratified sampling procedure)对 NASA 的 7 项不同的信息成果和服务的利用及其影响进行了调查,但结果也不太理想。后来他们对 NASA 公布的数据进行了统计分析,在 1971 年至 1976 年的 5 年中,NASA 在提供信息服务上,每年花费 286 万美元,同期年预计效益是 3820 万美元,而用户花费的时间折合成货币为每年 1640 万美元。这样,预计效益和NASA 提供信息服务的成本之比为 13:1。但有人建议,用户成本要从预计效益中扣除,因此计算下来是 7.6:1。又有人提出,成本效益率的计算公式,应该是预计效益除以 NASA 成本与用户成本相加部分,这样得出的结果应该是 1.98:1。另外,你有没有注意到,用户花费在获取信息上的成本与提供信息服务的成本之比大约为 6:1,公司在提供信息服务方面的开支,在整个成本中只占很小的一部分。也就是说,公司在提供信息服务上每花费 1 美元,用户在这些服务的利用上就需要花费 6 美元。

吴:这里是不是有这样一层意思,用户成本的大小与公司所提供的信息系统和服务的质量大有关系呢?

凯:是啊,这说明公司在降低用户成本和提高成本效益率上有许多工作要做。我再举金(King)和格里菲思(J. M. Griffiths)的研究为例。他们对很多不同的机构进行了分析。1. 研究信息服务的价值与研究人员乐于花费在信息服务上的时间(根据工资和一般管理费用来计算)的价值之间的关系(寻求信息的动机);2. 研究利用外部信息服务的成本与提供信息服务的成本之间的关系(计算出在没有自己的图书馆或必须依赖外部信息源时的附加成本);3. 根据专业人员在查询资料和阅读方面所占用的时间往往比较固定这一因素,计算出当本单位的图书馆没有所需资料而不得不花费更多的时间去查询时的阅读次数。根据他们的统计,贝尔实验室和柯达在研究成本回避(research cost avoidance)与提供信息服务的正常成本之间的比率,分别是 14:1 和 16:1。另外,他们还对阅读文献资料的价值作了一个很有意思的统计,如阅读一篇杂志文章的效益是 385 美元,阅读一篇内部技术文献的效益是706 美元,而阅读一本书的效益是 1160 美元。

吴:这是根据成本效益率计算出来的,不论这种统计方法是否确切,至少它说明了阅读与效益之间的关系以及对效益的影响程度。现在人们都知道信息是重要的,但很少有人真正把它放到重要的位置上,他们把信息服务看作是一种没有收益的消费,不舍得花钱去利用现有的各种信息服务。

凯:是的,这里我再提供一条很能说明问题的数据。金和格里菲思等对美国能源部的能源数据库(EDB)的价值进行了测算。EDB 的成本是 58 亿美元,预计效益是 130 亿美元,得出投资回报率为 2.2:1。顺便提一下,这个数据和 NASA 的成本效益率 1.98:1 非常接近,这两项研究是在完全独立的情况下得出的相似结论。利用研究成本回避法来分析,假设没有 EDB 数据库的话,估计会造成 30 万次以上的查询和几乎 250 万次阅读的损失,也就是说相当于 30 亿美元的损失。如果目前的 R&D 预算是 58 亿美元,没有 EDB 的话,理论上要有 88 亿美元的预算才能保持目前的水平。此外,根据他们的估计,1984 年一年整个美国的科学家和工程技术人员通过阅读获得的效益是 3000 亿美元。

吴:尽管听起来有点玄乎,但这种对阅读的价值和信息服务的价值的讨论,给与我们很大的启发。反过来说,如果有了 EDB 而没有人来利用的话,那么由此造成的巨额浪费也是可想而知的,信息只有在被利用和流通的过程中才会增值,否则,再重要的信息也发挥不了作用。总而言之,不论是图书馆员,还是企业管理人员都要有信息价值意识。实践证明,信息服务是一种高效益、高回报的投资。

凯:最后我要说明的是,价值的计算和成本效益的计算是一个复杂的、容易引起争论的问题。我们这里讨论的成本效益率,是建立在对信息这种非一般商品(commodity)计算基础上的,因此这种计算本身具有很大的风险。但是,它至少给我们这样一种启示:调查结果并不是随意杜撰出来的,它们所反映的是真正的现象或者说是发展的趋势。

【讨论】

我国的图书馆和情报机构习惯上被定位于学术性服务机构，其学术研究多偏重于本身业务工作的发展规律，而较少考虑对社会现实生产力发展的贡献，即使是探讨文献情报单位在社会进步中的作用，也常常首先以社会效益来衡量。在科研机构和高等院校里，图书馆列于"二、三线"之列，已几乎是"天经地义"的事，这恐怕是泱泱大国的谦谦君子唯喻义不喻利传统的真实写照。然而，步入信息时代，传统的服务方式已难以为继，面对市场经济的双刃剑，回避不了客观存在的"投入产出"法则。我国的信息服务业如何发展？信息服务市场怎样加速培育？信息价值观如何确定……？已是多年来文献情报界有识之士探索而未果的事。读罢上海图书馆副馆长吴建中博士与凯尼格教授关于"信息服务的价值和效益"的对话，收益匪浅。我想这对我国文献情报界如何适合市场经济的大环境，在信息时代中正确定位，亦大有裨益。"对话"中有关信息服务效益的实例是鼓舞人心的，如美国能源数据库投资回报率为 1∶2.2，阅读一篇杂志论文、一篇内部技术文献、一本书的效益分别为 385、706、1160 美元，美国科学家全年通过阅读所获效益 3 000 亿美元……。我想任何一个投资者，面对上述数据都不难作出其投资抉择。我国的信息服务市场发展缓慢，而且不完善，与信息服务的价值研究滞后有密切关系。如果说至今尚未形成理论体系和完整的研究方法是表面现象的话，其实质根源是人们心理上还在回避、拒绝"信息服务创造经济效益"这个事实，或是对图书馆的投入视为"光投入不产出，恼人的包袱"，或是认为信息服务理应"无偿"，在这种心态驱使上，怎能指望我国的信息服务业会有长足进步呢？

当今时代，信息传播媒介多样化，人们对信息的需求也日益广泛，已不完全依赖于书刊资料。面对信息时代的挑战，我国的文献情报单位必须把促进生产力的发展放在首位，加大为企业产品开发服务的比重,加快从传统服务向信息服务转变,在转变的过程中调整结构,不断提高服务水平,寻找发挥特长的生存空间。服务信息要加强针对性,必须讲求经济价值,要有一套完善的吸引和稳定人才的机制,只有较高素质的人才从事信息开发和增值服务,才能取得实效而获得社会的回报。我国市场经济体系的构建过程是信息服务价值研究和价值体系完善的过程,也是加速实践和理论创新的大好时机。信息服务的价值和效益取决于社会的接受能力,如果社会有能力接受,而文献情报单位无法满足,反之我们所追求的"完美服务"得不到社会的理解和欢迎,则应反思我们的服务是否有缺陷,是否应该调整服务方式和策略。没有社会的积极参与,没有充分的数据来证明我们的工作对社会发展的贡献,我们的文献情报单位似乎应考虑其存在的必要。

信息服务的价值和效益是不言而喻的,这已被国外信息业的发展所证实。针对国外信息服务研究的差距,重视和完善信息服务的研究,跟踪服务效益,拿出有说服力的数据进行典型宣传,是争取社会理解和政府强有力支持的有效方式。我深信:社会的信息价值观确立之日,即是我国信息服务业蓬勃发展之时。

中国科学院上海文献情报中心副研究员　杨械

【讨论】

阅读了吴建中博士和凯尼格博士关于信息服务的价值与效益的"对话",很受启发。在迈向 21 世纪的今天,这方面的讨论有助于拓展我们的思路。

在经济飞速发展的今天开展信息服务的价值和效益的研究是很有现实意义的,人们已经开始意识到信息在社会经济生活中所起的作用。凯尼格教授对信息在生产中的作用作了深入的调查研究,并通过量化的数值明确表示,使人信服。从"对话"中的例子可以看到,在企业的效益中,信息占有非常重要的位置,因而受到企业主管的重视。国外企业在信息方面的投入都是比较可观的，因为企业的领导意识到它会产生较高的回报率。可以预料，随着社会不断发展进步，信息的回报率在企业整个回报率中所占的比重将不断提高。

我国图书情报部门在提供数据库检索和咨询等信息服务方面作了大量的工作，产生了一定的社会效益和经济效益，但是目前在企业等生产部门，人们对信息利用和重视的程度是很低的。吴建中博士和凯尼格博士把经济效益的原则引入到信息服务工作中来是很有意义的。"对话"给人们最重要的启示就是不仅图书馆员要重视信息服务的价值和效益，各种经济生产部门也要提高信息服务的意识，重视信息服务的价值和效益，重视投入与产出的比例以及信息服务的投资成本与预计效益之间的关系。

上海医科大学图书馆　王卫国

【讨论】

中国的图书馆事业在 80 年代初期曾经有过高速的发展，但进入 90 年代后，没有出现预期的繁荣景象，相反信息技术的发展和经济建设的热潮给图书馆带来了巨大的冲击，使图书馆陷入经费严重短缺、读者显著减少、专业队伍不稳定、研究教育不景气的困境。不可否认，外部的社会环境确实给图书馆带来了一定的影响，但图书馆对自身的价值及其效益模糊不清的认识，也给图书馆的发展造成了许多问题。由吴建中博士主持的关于图书馆未来的系列对话，不仅扩大了我们的视野，而且反映并澄清了现实中的许多焦点问题，令人茅塞顿开，信心倍增，尤其是与美国图书馆情报学院凯尼格教授的对话，更是一语中的，切中要害。我们认为这正是图书馆问题的根源所在。图书馆唯有首先明确其自身的价值和效益，才能争取全社会的共鸣，摆脱困境，走上迅速发展的道路。

图书馆的经济效益，一直是我们所忽略的问题，诚如吴建中博士所言,图书馆员过去只是默默无闻地工作,很少去关心和了解自己的工作对读者和社会有多少实际的贡献。事实上图书馆也是一个生产单位,也有产品,只不过它所生产的产品有别于其他企业所生产的有形产品,它是以无形的信息与知识作为其产品,所以很难衡量它的产值和利润。凯尼格教授列举了大量有关数据和事实,并通过科学的研究方法,证明信息服务是一种高效益、高回报的投资。在80年代,有人曾作过统计调查,指出我国有60%的研究开发是在重复他人的劳动,它不仅给个人造成了时间和精力上的浪费,而且也给国家带来了巨大的经济损失。今天,我们正处在一个以经济建设为中心的时期,图书馆员要认清自身的社会价值,提高信息服务的社会效益和经济效益,把图书馆的信息服务与经济建设、社会发展紧密联系起来,通过各种参考咨询服务把馆藏信息资源充分地开发出来。

北京北方交通大学图书馆　赵亚虹
秦皇岛海关学校图书馆馆长　刘庆波

【讨论】

吴、凯两位学者关于信息服务的价值与效益的对话对我们很有启发。目前,图书馆从设备和文献购置的盲目性,到信息服务的保守性,无不反映了图书馆大量无视效益的现象,图书馆员埋头工作,很少把自己的工作同效益联系在一起考虑。要精确地计算自己的服务效益可能很困难,但判断图书馆工作的效益有两个简单的标准:一是要快速提供,图书馆要把收到的最新信息很快发布出来,使读者能够很快地获取到他们所需要的各种信息;二是要广泛利用,信息被使用得越频繁越有效益,图书馆必须在信息的开发利用上多下功夫。我觉得要提高图书馆工作的效益,应该考虑以下几个方面:1. 要让新的文献资料早日同读者见面,热门文献可先投入阅览,然后再视具体情况进行编目处理,对利用价值不大的资料应及早剔除,避免入库造成信息污染;2.扩大开架借阅范围,让读者置身于文献信息的海洋中自由选择;3.要注重新技术在图书馆的应用,早日上机、上网;4.提高咨询馆员的素质,咨询馆员对于馆藏要宏观把握,微观深入,同时要在工作中不断提高信息开发和咨询的能力。

安徽蚌埠医学院图书馆　方习国

适应变化、面向未来的"冻结模式"

图书馆行政管理人员把维持现状,作为自己职责的日子已经一去不复返了。他们必须意识到图书馆需要向前发展,并利用新的技术来改进信息处理和服务的方式。

——T. D. 韦伯(美国)

T. D. 韦伯(Terry Douglas Webb):1949 年生。现任美国夏威夷大学卡比奥拉尼学院图书馆馆长。曾获得图书馆学和人类学双硕士学位和文化人类学博士学位。出版《公共图书馆组织与结构》、《公共图书馆重组》、《论图书馆自动化的专业问题》等多部专著,在图书馆自动化、组织与管理、文化人类学以及历史等领域发表了大量论文。曾应邀在香港大学和北京大学作学术报告。

通讯地址:University of Hawaii, Kapiolani, Community College, 4303 Diamond HeadRoad, Honolulu, HI 96816 USA.

E – mail:twebb@ uhunix. uhcc. hawaii. edu

吴:我曾经和一位大学图书馆馆长聊天,就印刷型出版物是否会被电子出版物取代,无纸化社会到底离我们有多远等问题交换了看法。我记得,他说了一句给我印象很深的话:"图书馆员最大的困惑,是在印刷品和电子品抗衡、信息技术瞬息万变的时代,如何有效地去管理和配置各种信息资源。"韦伯博士,你在这方面有不少独到的见解,能不能请你给我们谈一谈?

韦:我想你已经看过我写的题为"冻结的图书馆(The frozen library)"的文章。当真正的无纸化社会到来的时候,图书馆的印刷型资料将会像今天的卡片目录一样被冻结起来,只有那些没有被转换成电子产品的图书,还会像文物那样依然保留那种线性存取(linear access)的印刷形式。也许这只是一种想象,我对是否真正会出现一个无纸化社会表示怀疑。事实表明那些魅力十足的电子产品并没有把图书挤出市场,相反印刷型资料仍不断增多。在未来社会里,图书馆将成为图书、录像、光盘、缩微品、数字化资料等多种信息资源的混合体,上述任何一种载体都会在下一世纪的图书馆里找到自己的位置。事实上,当联机目录和所有随之而来的电子技术出现之前,整个图书馆已经被冻结了很长一段历史时期。不管图书在外形上有多么精致,但作为信息载体来说已尽其所能。图书作为一种载体形式曾经决定了图书馆的历史使命、服务方式、组织结构、人员经费以及馆舍外观等。但是,从70年代起图书馆被一个新的信息时代惊醒,开始面对一大群令人困惑的新的信息载体。

吴:信息载体的多样化为信息存储、处理以及传递提供了无限的发展空间。然而,人们对新载体的认识刚刚开始,其作用和潜能还没有像"解冻"以前的图书那样被充分地开发出来。那么,你为什么要用"冻结"这个概念呢?

韦:往往越是在快节奏发展的时候,人们越需要短暂地休整一下以稳固阵脚。这里我们借用一个文化人类学的概念,即"断续性平衡(punctuated equilibrium)",指物种在进化过程中,每隔一段较长期的相对稳定就会有短期的急剧变化,某些物种灭绝,某些新物种出现。图书馆正处在一个急剧变化的环境中。这些年来新技术新载体的频繁出现,已经促使图书馆得到充分解冻,足够适应外部剧烈变化的环境。当图书馆吸收了这些经过选择的技术以后,就需要把新的载体固定下来,并把它们完全融合到自己的使命和服务中。所谓"冻结模式(the freezer model)"有 3 个阶段,即为稳定而冻结,为引进变化而解冻,最后为达到控制变化和充分开发其功能而再冻结(re – freeze)。

吴:我想,这种"冻结模式"反映了事物发展变化的动态过程。3 个阶段并不意味着简单的循环,而是不断趋向完善的递进、连续和有层次发展的过程。这样理解对吗?

韦:对,技术是为机构服务的,这种模式要求图书馆致力于对所有技术手段的充分开发和利用,使技术与图书馆的使命、组织结构、用户需求、经费等有效地融合为一体。图书馆行政管理人员把维持现状,作为自己职责的日子已经一去不复返了。他们必须意识到图书馆需要向前发展,并利用新的技术来改进信息处理和服务的方式。

吴:就像你刚才说的那样,图书作为一种载体形式决定了图书馆的一切业务活动,新的载体形式同样会对未来图书馆的业务活动产生重大的影响。但是图书馆员长期在"书本位"的环境下形成了一种思维定势,对静的资料比较重视,而对动的资料往往不太注意去收集,似乎只有图书才是知识的真正载体。

韦:是的,比如说对电视的认识问题。我觉得图书馆里要腾出放电视机的空间,因为大多数人是从电视节目里了解和得到本地和国际新闻的。而且,在电视节目里有很多高质量的教育和信息节目,很多节目常常邀请学者、政治家、科学家以及其他权威人士讨论问题。但是图书馆员在他们绘制的未来蓝图中并没有包括电视。他们认为电视机已经非常普及,而且在内容和质量上有很多不确定的因素,因此认为没有必要把它们结合到图书馆服务中去。但是,图书馆订购的报纸和大众杂志中,有些内容不是也有不健康因素或偏见吗？如果图书馆员认识到电视是未来图书馆中的一大重要信息来源，那么他们就会运用自己特有的选择能力，去发掘电视的优势（strength）。在卡比奥拉尼学院图书馆（Kapiolani College Library）里就有这种称为 NewsWare 的录像新闻服务。我认为，当录像、数据和声音信息在同样的设备上传输的时候，图书馆员将被迫把电视看作一大信息来源。所以，我认为还是早一点开始计划为好。到了下一世纪，所有图书馆都有可能把大众传播频道集成到自己的信息服务体系中去。

吴：现代通讯技术的发展，为图书馆信息服务的网络化提供了良好的物质基础，尤其是 Internet 的出现，迫使图书馆员重新思考他们在整个网络中的位置以及他们所必需扮演的角色。韦伯博士，你认为我们应该如何有效地利用 Internet 这个现代化通讯手段呢？

韦：尽管 Internet 和 WWW 已经在图书馆得到大量应用，但是图书馆员还没有充分地活用这一技术，他们还没有真正意识到它们具有像联机信息设施那样的潜能。不同于图书、期刊和电视，Internet 将向公众提供一个全新的信息层（layer）。虽然 Internet 资源可以快速地复制，但很大一部分是毫无信息价值的。图书馆员懂得如何配置最好的资源，就像他们现在很善于为读者选择最好的图书和杂志一样。因此，图书馆员必须运用他们传统的评价和选择能力，为公众使用 Internet 资源起到重要的引导作用。

吴：在利用和开发这一技术方面，有哪些值得推荐的方法呢？

韦：比如创建局域联机数据库（local online databases），具体地说，霍布金斯大学韦尔奇医学图书馆（Welch Medical Library of John Hopkins University）的人类基因数据库（GDB）。该数据库由图书馆员设计并管理，从世界各地出版的报刊、数据库以及通过电子邮件中获取各种有关信息，由编委会编辑整理，图书馆员分类标引后输入数据库。该数据库拥有来自世界各地上万名用户，深受

58

科学家们的好评。卡比奥拉尼学院图书馆也开始在"亚洲研究"和"急诊医疗服务"等专题上运用 WWW 技术建立全文数据库,由图书馆员、研究人员和教师参加的编委会,负责数据的选择、编辑以及与作者之间的联系,以保证数据库的质量。WWW 技术简单而又便宜,所以,图书馆员可以利用它更快更广地传播信息。然而,图书馆员、研究人员和出版者之间的界限变得模糊起来,图书馆实际上变成了一个联机出版社。

吴:这些年来欧美等发达国家在图书馆现代化发展方面,为我们提供了不少丰富的经验。但同时你认为有哪些值得吸取的教训呢?

韦:不要重复我们的错误。我总觉得美国图书馆在自动化方面走了许多弯路,主要是价值观念的问题。1. MARC 格式的繁琐化;2. 大型书目中心的重复建设,不是协作起来去克服 OCLC 存在的问题,而是另立中心与之抗衡,没有把注意力放到更需要的地方去;3. 在数据库制作方面重图书目录而轻期刊索引。当 CD - ROM 技术出现,并用以出版机读期刊索引的时候,图书馆不得不被迫接受这种游离于集成化系统之外的技术;4. 我认为最大的失误在于大规模回溯性书目的综合性而不是选择性转换方面。美国图书馆把大量的时间和资源花费在实际上得不偿失的综合性回溯计划上,否则,我们完全可以腾出精力去开发联机期刊索引、全文数据库和局域联机资源了。

吴:你认为产生这些问题的根源在哪里呢?

韦:美国图书馆思想的偏见。我们的专业理念(philosophy)没有跟上技术的发展和用户的需求。所以,图书馆自动化偏离于信息产业之外。图书馆员并没有充分开发和利用这些技术,而仍然把重心放在图书上。我认为:图书馆自动化的第二次浪潮应该把注意力集中到最新技术的开发利用上。冻结你们的图书馆,首先回溯那些常用的资料,不要拘泥于全 MARC 格式,把精力抽出来去做更有意义的工作,如局域联机数据库。此外,组织程序设计人员和技术人员去开发新的技术和产品,使自己成为信息产业的一部分。最后,我希望图书馆要始终站在新技术发展的前沿,解冻以适应变化,在新的结构上再冻结以活用现有的技术、保障已有的成果。

【讨论】

读了吴建中博士和韦伯博士面向未来的"冻结模式"的对话,强烈共鸣,颇多启示。"对话"积极而冷静地看待图书馆的未来发展,客观地反思了欧美发达国家在图书馆现代化发展方面值得吸取的教训。提出的问题值得我们每一位图书馆员深思。首先,对于是否真正会出现无纸化社会和无纸图书馆的怀疑,这是很有道理的。从表面上看,技术的发展已足以支持无纸图书馆的形成,然而细想,坐在 CRT 旁看小说,肯定没有坐在沙发上看书舒服。由此可见,上述的信息技术发展只是在信息储存技术方面,而在信息显示技术方面来看,还未发展到足以促使无纸图书馆到来的地步。因此,正如"对话"所述,在未来社会里,图书馆将成为多种信息资源的混合体,"对话"中对图书馆员长期在"书本位"的环境下的思维定势的论述,图书馆行政管理人员把维持现状作为自己职责的日子已经一去不复返了的论述,值得我们去冷静思考。在有关自动化的教训"对话"中,对 MARC格式的繁琐化的反思,并提出不要拘泥于全 MARC 格式,把精力抽出来做更有意义的工作。这对我们当前现代化的建设很有指导意义。这方面的教训,我们也有。我们搞文献检索数据库,编制词表的投入与最后产生的文献记录不成比例。对各种格式研究的力量投入与产生的文献书目记录不成比例。如果把韦伯博士的话引申到我们的工作,那就是少一些对一个符号和一种格式的反复研究,而是在适度标准的前提下实实在在地做一些书目记录,把省出的时间多为图书馆的用户办一些实事。"对话"提到 Internet 向公众提供一个全新的信息层,但很大一部分是毫无信息价值的,图书馆员可运用他们传统的评价和选择能力为公众使用 Internet 资源起到重要的引导作用。这为图书馆员迎合信息化提出了颇有前景的发展道路,也反映了"对话"对未来发展积极和冷静的分析。

中国科学院上海有机
化学研究所研究员　王源

【讨论】

韦伯先生关于图书馆未来的看法颇有见地。"纸"作为一种文献载体,与其他文献载体如多媒体等,在一个相当长的历史时期内将会有一个漫长的"共生期"。当然,历史的发展是连续的、不可分割的,但又是可以相对区分为不同阶段或时期来加以识别的。文献"家族"就其整体而言,一方面在不断丰富拓展;另一方面在文献不同的历史发展阶段里,往往又是以某种或某几种载体为主导。不难预见,随着科学技术的发展,信息的载体与传递将会不断得到拓宽与完善。

图书馆存在与发展的出发点与归宿,就在于:对文献信息资源的开发与利用。任凭图书馆未来是如何发展变化,只要人类社会还需要文献信息的交流,那么其存在的价值、服务的目的不仅不会削弱反而会得到加强,仿佛是任何新式武器的出现都不会导致战争性质的改变一样。然而,只看到这一点是远远不够的,还必须清醒地认识到:新技术的出现又必然会给图书馆带来新的变化、新的契机。

既然未来的图书馆依然可以作为信息资源中心特定类型的话,势必迫使它不只是在信息通道、信息设备诸方面发生变化。还必然会在信息资源的收集与整理、运用信息系统、信息主体等各个领域内都会产生全面变革,即信息技术与信息服务将同步进入全新时代。

南京大学信息产业
研究所所长、教授　倪波

社区是与阅读有关的生活圈

我认为,图书馆员必须有长远的眼光,尽管图书馆目前服务的直接成果,要在 20 年以后才能表现出来,但我们要看得更远一些,要考虑到 50 年以后的未来。

——竹内悊(日本)

竹内悊:1927 年生。1965 年毕业于美国佛罗里达州立大学,获硕士学位。1979 年获美国匹茨堡大学哲学博士学位。1981 年任日本图书馆情报大学教授,1987 年后相继任该校副校长、图书馆馆长和名誉教授。主要著作有《图书馆学教育》、《文库:日本的小型私立儿童图书馆》、《讲故事与图书馆》、《讲故事实践》、《社区与图书馆》等。

通讯地址:日本国茨城县筑波市松代 1 - 3 - 14。

吴:竹内教授,最近上海正在兴起一个社区发展和研究的热潮。你是社区问题的专家,我想借此机会向你请教几个问题好吗?

竹:我很乐意参加你们的讨论。这几天在上海接触了不少图书馆界的同行,我们谈论得比较多的就是有关社区与阅读的问题。社区(community)这个词有多种用法,有社区网络(community network),社区有线电视台(community cable station)等,其范围和特

63

征是很不明确的。美国图书馆情报学家彭吉多尔（Verna L. Pun-jitore）认为，所谓社区，就是由一群具有个性特征（identity），且相互联系的人组成的区域或团体。我认为，社区就是一个人从出生、成长到完成义务教育，或者一直到高中毕业为止的完整的生活圈，以及在那里生活的人们。

吴：我觉得你的定义与众不同，一般来说人们比较倾向于前面一种说法。

竹：我要强调的是，所谓社区就是与阅读有关的生活圈。为什么要这样说呢？这里有一个认识方法问题。人们往往根据地区的规模和人数来决定图书馆的配套服务，比如设多少个地区分馆等，这是从整体来看局部的。我们现在倒过来，从社区居民本身的需要来看，图书馆是人们生存中不可缺少的，因为获取和利用信息以及知识是影响一个人成长的重要技能。通过这种从局部重新认识整体的方法，为将来构筑一个更有效的图书馆服务体系。当然，我不是否定目前这种配套服务的思路及其积累，而是通过逆向思维的方法，使得这种积累更加丰富和充实起来。

吴：怎么来理解逆向思维？它对考察图书馆及其与社区的关系有什么帮助呢？

竹：人们通常从目的、功能和活动3个方面考察一个机构的作用。首先是设定的目标，然后是为实现这一目标所需要的功能，最后是为实现这些功能而开展的活动。现在，我们把这一顺序倒过来，即从活动到功能再到目的收缩，然后反问一下，为什么需要这一功能？何谓图书馆？一直收缩到根本的命题上。就是说以功能为中心不断地向下位概念，即活动Ⅱ、活动Ⅲ……展开，或者不断地向上位概念，即目的Ⅱ、目的Ⅲ……收缩，通过展开和收缩来充分揭示图书馆的地位和作用。

吴：我很同意你的观点。过去我们考虑得较多的是如何（how）提供服务，而不是为何（why）要提供这些服务，目的不明确就会给活动带来盲目性。我觉得反过来思考很有意义,我们思考问题的程度会随着向上位概念的收缩而不断深化,最后会跳出图书馆的圈子,把图书馆放到整个社会大环境中进行考察。

竹:是的。图书馆是整个社区阅读机构的一个部分。社区的成员,无论是儿童还是老年人,都需要获得各种各样的信息和知识,以及有关人的活动、感受等的各种记录。这种动机可以说是人的好奇心,也可以说是人对学习的需求,对专业的需求,对日常生活的需求,以及终身学习的需求等。图书馆的任务就是根据这些需求,向每一个社区居民提供最合适的信息和知识。社区图书馆有各种类型,有为社区居民服务的公共图书馆,有社区内的中小学校图书馆,有志愿人员为提高儿童阅读兴趣而建立的儿童文库等。它们之间是相互联系、相互影响和相互合作的关系,在研究社区文化的时候,千万不能把它们孤立起来看待。

吴:顺着竹内教授刚才提出的社区即与阅读有关的生活圈的思路,我想提一个问题,社区图书馆是否应该把终身教育看作是自己的中心任务呢?

竹:对,终身学习是现代社区居民的基本需求。善于创造性思维和工作的人,毫无例外地都是一生中不断学习的人,终身学习的基础在于个人。现在,一提起终身教育,人们往往联想到团体学习,即把人集中起来一起学习的概念,而很少重视每个个别人的学习,这是一种不成熟的想法。美国图书馆界权威路易斯·肖(Louis Shores)把人们查询知识的能力称为参考(reference),即传统的智力 3R(reading 阅读、writing 写作、arithmetic 计算)之后的第 4 个R。他在学生时期曾听人说"懂得如何能查找到所需要的知识,等于掌握了知识的一半"的话很受启发,从此,就下决心研究如何去掌握这一半的知识,不久他提出了图书馆基本参考藏书的构思。就是说,参考是获得和运用知识及信息的能力,图书馆的使命不在于如何教育人,而在于如何让读者分享(share)它所配备的知识和

65

信息资源。

吴：在竹内教授的大作里，多次提到了分享的概念，怎么来理解这个问题呢？

竹：在社区里，儿童和成年人各有自己与书打交道的生活圈，如儿童有幼儿园、中小学图书馆，有儿童书店、私塾、儿童文库等；成人有高等学校、专科学院图书馆，有医院图书馆、档案馆和议会图书馆等；同时，儿童和成年人还有共享的阅读设施，如公共图书馆、公民馆、书店、音像商店等。虽然它们都是单独存在的，但都有一个共同点：它们都是供人分享的。书房算是社区中最具封闭型的藏书了吧，但它是由家庭成员分享的，儿童文库、公共图书馆以及学校图书馆等，也是社区居民分享的机构。人们在书的环境里休闲、阅读、交谈、查询，与周围的人相处，与帮助自己的人相处，在互帮互学的环境中成长。这种以人为中心的"分享"和支撑这种人际关系的机构之间的"分享"，就是我们今后所要关注的社区的阅读环境。

吴：这样理解对不对？"分享"在这里并不仅仅意味着社区阅读机构之间资源的有效配置和共享，还有更深层次的涵义，就是说日常生活中，人与人之间感情交流和信息传递也是一种"分享"。

竹：是的。还有，社区内成人和儿童的关系，不单单是教育者和被教育者之间的关系，而是相互学习的关系。它不像直流电那样是单向的，而是像交流电那样是双向的、相互影响的关系。这也可以说是一种"分享"。

吴：我们过去只注意埋头与书打交道，很少关心人的需求、社会的需求。

竹：对。我赞成寄藤昂先生说过的一句话："对某一个图书馆来说，周围的社会不只是服务对象，它是产生图书馆的母体，是由包括图书馆本身在内的多种要素构成的有机体"。母体之所以要设立图书馆，是为了实现自己的目标。因此，该母体及作为其成员的读者就会对图书馆抱有某种期望。过去,我们比较重视图书馆和读者之间的关系,现在,我们应该意识到"每一个读者既是其母体的一员,又是图书馆以外的社区阅读机构的一员"这样一种双层的关系,只有这样才能更好地把握社区阅读的现状,更好地设计图书馆的服务。

吴:竹内教授把图书馆与社区以及与社区内其他阅读机构的关系作了非常明晰的论述。我想,这样一来对图书馆员就提出了更高的要求。你认为图书馆员今后应该扮演什么样的角色呢?

竹:这个问题提得很好。我觉得图书馆员的职责不在于教人,我们并不比别人懂得更多。图书馆员的职责应该是:1. 创造一种人们乐于阅读的环境;2. 创造人与书之间友好的界面;3. 向社区贡献并发挥图书馆所具有的潜能;4. 给下一代配备好他们生活所必需的资源。美国最近出版了一本书题为《鹅大妈故事会》(Mother Goose Time),讲图书馆如何为婴幼儿和照看他们的人服务。图书馆要为社区的每一个人,包括婴幼儿到80多岁的老年人服务,使他们始终保持阅读的习惯。

吴:在我国,公共图书馆也开始重视社区文化的作用,如开展家庭读书会、红领巾读书活动和班组学习会等,积极参与社区的各种文化教育活动。竹内教授今天的谈话为我们进一步开展社区服务打开了思路。最后,请你就社区与图书馆的未来谈一点看法好吗?

竹:我们过去过分强调图书馆大墙内的工作,而常常忽视和社会上的人们一起工作。我们没有努力向社会展示图书馆员作为知识和信息宇宙领航员的作用与能力。从现在起,我们应该考虑如何让人们了解图书馆员在社会中的作用,以及如何去赢得他们的支持。我认为,图书馆员必须有长远的眼光,尽管图书馆目前服务的直接成果,要在20年以后才能表现出来,但我们要看得更远一些,要考虑到50年以后的未来。

【讨论】

读了吴建中博士和竹内教授关于"社区与图书馆"的对话受益匪浅。社会发展到一定水平,必然重视居住区的生活质量。目前,上海兴起的社区发展和研究的热潮,是重视生活质量的体现。如何正确看待社区文化一部分的社区图书馆,竹内教授的观点给我们很大启迪。他认为,在区内的各种类型图书馆如公共图书馆、中小学图书馆、儿童文库等是互相联系、影响和合作的,研究社区文化时不能把它们孤立起来看待。换言之,社区内的各类型图书馆都是社区图书馆设施,它们相互作用、合成社区图书馆概念。相比之下我们以前的认识比较浮浅,只承认街道图书馆、街道少儿图书馆是社区图书馆设施,而社区内的中小学图书馆、区县图书馆等其他类型的图书馆未予列入,以至于社区图书馆发展有失偏颇。

以"社区内各类型图书馆都属社区图书馆设施"观点衡量,上海许多社区已有相当好的社区图书馆体系,问题在于社区内的各类型图书馆未能互相合作,为社区发展服务,导致各类型图书馆文献利用率低,没能形成社区图书馆体系。建成社区图书馆体系,主要取决于图书馆领导和工作者是否充分理解社区文化对提高生活质量的重要意义。

华东师范大学信息系　邵友亮

【讨论】

近日阅读了"社区与图书馆"受到很大启发。当前,上海现代化建设的进程正在不断加快,自从实行双休日制度后,居民的社区生活时间增多,对文化生活的需求也趋于多样化。上海市委、市府明确指出:"以社区为载体,大力发展社区文化,以期提高社会的文明程度和市民的文化素质",在这样的历史背景下,吴博士与竹内教授开展了"社区与图书馆"的对话,对加强社区文化建设提出了不少新观点、新思路,充分阐明了图书馆在社区文化中应有的地位和作用。

"对话"充分肯定了图书馆是整个社区文化中的重要组成部分,是社区所有成员获得各种信息和知识的主要场所。现代社会的人们具有各种学习需要,图书馆的任务是根据社区成员的各种需要,向每个社区成员提供最合适的信息和知识,"对话"以人为本,昭示了阅读乃是现代人基本需要,由人的本质特征所决定。人的一生需要不断学习,从大量的阅读之中更新知识,拓展思维,离不开良好阅读气氛的各类图书馆。

作为社区文化组成部分的公共图书馆、少儿图书馆、里弄图书室和中小学图书馆与居民生活密切相关,应更加紧密结合,作为一个整体融合于社区文化的大环境之中,形成一个完整的社区阅读网络。我们应该全面设计社区图书馆的服务,广泛开展一切有助于提高社区居民身心健康的各种读书活动,为广大社区居民创造一个良好的文化氛围,充分发挥图书馆在社区文化教育主阵地的作用,为推动社会主义精神文明建设作出贡献。

上海少年儿童图书馆辅导部主任 张柏华

【讨论】
《图书馆杂志》自 1995 年第 3 期起,陆续刊载了关于图书馆未来的系列对话,在图书馆界引起了很大反响。这对于公共图书馆在科学技术高速发展的今天如何发展,有很重要的引导和启迪作用。"对话"形式相当活泼,观点新,思路宽,而且通俗易懂。

我想结合自己多年图书馆工作的实践,谈谈对社区与图书馆关系的一点想法。从社会学的角度来讲,社区是人们共同生活、工作和学习的区域。人们在基本满足物质生活需求的同时,必然会产生对精神生活的需求。人们需要了解瞬息万变的各种社会信息和科技信息,接受新的观点、新的知识以适应社会的不断发展。人们对精神生活的需求通过书刊信息等各种传播媒介的交流和人与人之间的交流等形式得到满足。应该说，社区公共图书馆在人们精神生活中扮演着不可缺少的角色。

公共图书馆拥有丰富的图书文献资料，它所具有的优越的学习环境，是任何机构和场所无法比拟的。社区居民可以从公共图书馆举办的各种类型的讲座、辅导以及视听等丰富多彩的活动中，得到继续教育、休闲娱乐、艺术欣赏等不同层次和品味的精神生活需求。今天，图书馆已经成为社区居民生活中不可缺少的一部分，当图书馆因节假日或停电等原因而闭馆的时候，社区居民就会感到很不方便，很不舒适。

现代化技术在图书馆的广泛应用给图书馆带来巨大变化。但无论服务手段、方式和内容会有哪些变化，社区和图书馆的关系只会更趋密切。我认为，公共图书馆要主动把握图书馆发展的趋势，根据社区居民精神生活的不同需求，立足现在，放眼未来，为社区居民提供高效率的信息服务网络，提供寓教于乐、寓科于乐的学习场所，提供适应社区居民终身学习需要的多样化信息服务。

上海市徐汇区图书馆馆长助理　陆建志

情报检索语言的发展趋势

情报检索语言是表达一系列概括文献情报内容的概念，及其相互关系的概念标识系统，其职能是作为情报检索系统的语言保证，它的核心问题是检索效率。

——张琪玉

张琪玉:1930 年生。1954 年毕业于北京大学图书馆学系。1976 年至 1987 年任教于武汉大学图书情报学院,1985 年为该院教授,先后担任现代技术教研室主任、图书馆学情报学研究所所长、《图书情报知识》主编等。1987 年起任空军政治学院图书档案系(现名信息管理系)主任、教授。1991 年起荣获国务院特殊津贴。发表有《情报检索语言》、《情报语言学基础》等专著 20 多部、论文 100 余篇。

通讯地址:上海市江湾五角场,空军政治学院信息管理系,

邮政编码:200433。

吴:80 年代初,张教授针对当时人们把注意力集中在体系分类法的思想性方面,使图书分类研究陷入所谓"三性(思想性、科学性、实用性)"怪圈问题时指出:"要改变研究方向,把研究的重

点转移到如何提高情报检索语言的检索效率方面来",并独辟新路,开创"情报语言学",提出从更高的层次对分类法、主题法等各种检索方法进行统一研究。张教授这一开拓性的研究,对我国情报检索语言领域的理论与实践起到了积极的导向和推动作用。我想首先请教一下张教授,为什么要提出情报检索语言的概念,它与分类法、主题法是什么关系?

张:我认为,分类法也好,主题法也好,都是情报检索系统的组成部分,都是在寻求更佳的检索效果中创制出来的,所以,它们的基本原理是一致的。只是它们在表达各种概念及其相互关系时,和在解决对它们提出的那些共同要求时所采取的方法不同,才形成了不同的类型和语种。在情报检索语言的概念下,对它们进行综合研究,可以找出它们之间最本质的东西,以及结构和功能上的相同或相异之处,概括出影响检索效率的共同规律。总之,情报检索语言是表达一系列概括文献情报内容的概念及其相互关系的概念标识系统,其职能是作为情报检索系统的语言保证,它的核心问题是检索效率。

吴:张教授,能不能给我们谈谈当今情报检索语言的主流是什么?

张:这要从两个方面来谈。1.目前在文献数据库的标引方面,世界各国都主要使用叙词语言。《叙词表指南》收录有500多种世界各国的叙词表,我国也主要使用叙词语言。近10多年来,为了适应建立数据库的需要,我国编辑出版了上百种汉语叙词表。叙词语言比较适应计算机检索系统的组配检索;2.在图书馆藏书目录的标引方面,美、加、澳等国主要使用标题词语言,我国和独联体国家以及英国主要使用分类检索语言。这与各国图书馆使用情报检索语言的传统有关。

吴:你能否告诉我们世界上这几年情报检索语言发展的一些主要情况?

张:可以概括地说:1.国外,特别是图书情报事业发达的美国,对自然语言在情报检索中应用的研究很活跃,这是他们研究的超前性,这已成为国外情报语言学研究的热点。但至今未见公认的振奋人心的突破性进展。自然语言检索实验系统达到上千个,这类实验目前处于这样的困境:以自然语言研究的主要方面——自动标引来说,"在某种意义上恰似机械鸟的制造,经过20多年的试验,有些外貌开始像鸟,有些能够模仿几声鸟鸣,有些能扑打一番翅膀,但至今还没有一只会飞会鸣","绝大多数自动标引系统始终未能走出实验室大门,投入使用"(储荷婷:《自动标引的主要方法》,载《情报学报》1993年12卷3期)。由于自然语言检索的方案很多,需要弄清其孰优孰劣,因此对各种自然语言系统的评价试验,也是自然语言研究的一个重要方面。在自然语言接口与人工语言结合使用等方面,则已有很大成绩;2.自然语言的初级应用(如关键词检索、文本匹配查找)迅速扩大,但一些著名的检索工具和数据库并没有放弃人工语言的迹象。新的情报检索语言语种仍有创制,原有的情报检索语言语种仍在修订更新,但对情报检索语言新类型的研究已较少;3.在情报检索语言易用化和兼容方面的研究甚多,而且有些是很新颖的。

吴:那么,计算机技术的发展是如何影响情报检索语言的呢?

张:我曾在《情报语言学基础》一书第11章中,概括说明过这种影响:50年代开始的情报检索计算机化,促进了情报检索语言的创新和改造,使词表、分类表向机编化和机读化方向发展,使文献标引和索引编制走向自动化,使自然语言检索得以实现,使多种语言的结合使用成为可能,使检索方法有了很大的进步,并正在使情报检索语言的应用范围扩大(例如开始应用于情报研究和文献计量)。特别是自然语言在情报检索中的应用,使情报检索系统的语言不再局限于情报检索语言。同时,情报检索计算机化对情报检索语言研究提出了许多新课题,并提供了许多新方法和新条件。总之,情报检索计算机化对情报语言学的发展产生了极为深刻的影响。甚至可以说,情报检索计算机化是加速情报语言学形成过程的一个重要因素。可以预见:情报检索计算机化今后将会更快、更广阔、更深入地得到发展,情报语言学也将会有更快的进步。

吴:一些研究认为,在某些情报检索系统中分类法与词表已无必要使用,张教授的观点如何?

张:如果说是在某些系统,这是正确的,我赞同这个观点。的确,在某些系统,如报纸数据库,甚至大型综合性期刊论文数据库等,用别的语言比用分类法和词表这类语言工具更合适。但是,如果把某些系统改为在大多数系统或在一切系统(有些自然语言检索研究者曾这样认为),那就不正确了。如藏书实体的组织(这也是一种检索系统)仍然需要分类表;藏书目录的组织,也以使用分类表和词表为好。专利检索系统,不用分类法是不可想象的。一些高要求的检索系统,仍然需要人工语言。为了提高自然语言的检索效率,需要采取后控制措施,特别是采用后控制词表。其实,后控制词表,按其原理和功能,也可以认为它仍然是一种情报检索语言。将来有可能使用一些人工语言与自然语言结合的、带有自然语言换词、换号功能的分类表和词表。语义关联对情报检索是绝对必要的,既可以在先控制系统中,也可以在后控制系统中。

吴:张教授,怎样来看待分类法和词表今后的发展趋势呢?

张:我认为是一体化,是各种类型分类检索语言的一体化,各种类型主题检索语言的一体化,分类检索语言与主题检索语言的一体化。理想的情报检索语言应是:1. 既可从学科、专业角度检索,又可从事物角度检索;2. 既可按系统入手检索,又可按字顺入手检索;3. 既可先组式使用,又可后组式使用;4. 既可进行专指性检索,又可进行泛指性检索;5. 既可用词进行标引和检索,又可用号码进行标引和检索;6. 既可用人工语言进行标引和检索,又可用自然语言进行标引和检索。在计算机检索系统中这是有可能的，因为构成这种理想语言的方法和技术已经存在。我认为，理想的情报检索语言应是"学科—事物"型检索语言。它由学科分类系统面和事物分类系统面构成，两个面可互相组配。当按学科聚类时，藉助于事物及其部分面进行复分；当按事物聚类时，藉助于学科及其问题面进行复分。

吴：有研究表明，无语义关联、无控制的词汇也能使用，而且在某些情况下要比有语义关联、有控制的词汇使用情况更好，我们还可以看到使用自然语言的数据库数量正在上升。鉴于此，我们能不能说在未来文献数据库中，自然语言的使用将占统治地位呢？

张：有些研究的结论是令人振奋的，但并没有得到多次普遍的证实，我认为那些结论有点言过其实。还有些文章往往只是引用那些研究结论，而并没有亲自去检验过那些结论的可靠性。对自然语言的研究无疑是一个正确的方向，这里我决没有意思去否定这个方向。相反，我觉得我国对自然语言的研究很不够，与国外有不小差距，应加强这方面的研究。你说的"无语义关联、无控制的词汇也能使用"，我觉得可以这样说，至于"比有语义关联、有控制的词汇使用情况更好"，这就很难说了。目前未见充足的、普遍的证实。我认为，自然语言有优点，也有缺点。单纯使用自然语言是取其长（如时差短，对处理人员要求不高，特别是成本低），而在某些方面则容忍其短，放弃某些质量要求。自然语言要全面胜过人工语言是不可能的，除非它引进许多情报检索语言的原理和方法，而不是单纯的自然语言。自然语言缺少控制，而对于高要求的检索来说，控制是绝对必要的（如果无控制更好，全世界的情报检索早已全面自然语言化了）。检索中需要对表达文献情报内容的语言进行控制，只是控制的程度可随不同要求而异。怎样控制，控制到什么程度，这倒是一个需要研究的问题。使用自然语言的数据库正在增长，这是事实。而且可以说，情报检索系统一直在向增加自然语言检索功能的方向发展,目前国外大多数数据库都提供自然语言检索途径。但是,要区别是单纯使用自然语言的数据库,还是自然语言与人工语言并用的数据库。即使是 30% 的数据库单纯使用自然语言,60% 的数据库自然语言与人工语言并用,10% 的数据库单纯使用人工语言,这样,使用自然语言的数据库占了 90%,而使用人工语言的只占 70%,那也不能说,自然语言占了统治地位,因为自然语言与人工语言在检索中的作用是不能相提并论的(凡并存者,自然语言都只是补充的地位)。现在使用自然语言的系统往往并不放弃人工语言,这是一个充分的证明。只有原来使用人工语言的系统都放弃使用(或大多数放弃使用)人工语言而单纯使用自然语言了,才能说明自然语言全面好于人工语言,占统治地位了。自然语言的根本缺点——词汇无语义关联、无控制,并不因为使用计算机和各种检索方法而不再存在了。

吴:在自然语言系统中,目前还存在着哪些尚未解决的问题呢?

张:自然语言在情报检索中的应用,面临着以下两个难题:1. 是如何从自然语言文本中自动抽出最能准确、充分地表达文献有价值内容的词,以及这些词与检索课题有效匹配的问题。这个问题的复杂性在于文献作者的用词无明显的规律性,以及作为人类社会现象的自然语言不可能用纯自然科学的方法去研究解决。这个问题同机器翻译的性质类似。如果去追求百分之百的自动化,至少在短期内是无希望解决的(当然,自然语言自动处理现有的一些中间成果还是有实用价值的)。如果采用人机结合的方法,则可以较为容易一些;2. 是克服自然语言由于不规范和缺乏语义关联性而对检索不利的问题。克服这个难题也是不能完全用自动化方法的。使用后控制词表可能解决这个问题,而且后控制词表兼有自然语言与人工语言的性质和优点。但后控制词表的编制需要人的参与,才有可能做到半自动化(兰开斯特曾提出用积累检索提问素材的办法自动编制后控制词表,其可行性十分有限)。除此以外,对中文来说还有一个汉语分词的问题。由于在汉语中,词与词之间没有分隔符号,一个汉字可以同其他许多汉字进行组合构成不同含义的词和词组,因此,计算机很难识别一个句子中,哪个汉字或哪几个汉字的组合是词,而自动把它们分离出来,也难于准确区别有用词与无用词。所以,直接利用汉语进行检索(在文本中进行语词匹配查找和单汉字检索除外),首先必须解决把汉语句子用计算机自动切分成词的汉语分词技术。10多年来,我国进行了大量的汉语分词技术研究,提出了许多分词方案,总的来说,在这方面已取得了很大进展,现在距离解决汉语自动分词的问题已为期不远。但这个问题的解决,只是达到了拼写文字国家的起点水平,拼写文字中未解决的上述两个问题仍有待我们去解决。

【讨论】

张琪玉教授是我国图书情报界知名学者,他在情报检索语言研究领域内有着不可磨灭的贡献。张琪玉先生在"对话"中,就人工语言的发展趋势发表了许多真知灼见。语言,是人类重要的思维工具与交流工具,是一种特殊的社会现象。常见的有"口语"与"书面语"之分。即使在"书面语"中依然有时难免也会有"口语"之痕迹,如个性化的习惯用语、方言、俚语等。为了提高情报检索效率,便逐步研制或提炼出相对于自然语言的人工语言。从某种意义上来说,人工语言是从自然语言的母体中孕育出来的,是依靠情报检索自动化"奶水"喂养长大的。人工语言的出现,是情报检索发展史上的一大进步。当然,即使是最先进的发明创造也不可能是一劳永逸、十全十美的,而通常却是有条件的、相对的;既需要其自身的不断完善与充实,亦需要其他多方的相助相伴。人工语言的诞生,决不是也不可能是以替代自然语言的身份出现的。人工语言自有其滋生肥沃的土壤和发展条件,在其特定适应范围内是难以取代的。

南京大学信息产业
研究所所长、教授　倪波

【讨论】

10多年前,张琪玉教授抓住"检索效率"这个核心问题,改造了旧的分类学和情报检索理论,创建了情报检索语言理论领域。"以效率为核心"是一种理论观,也是最符合现代社会发展趋势的理论观。张琪玉教授抓住了它,才使得情报检索语言理论成为我国图书馆学过去10多年里最引人注目的学科。

10多年过去了,在情报检索语言理论取得了有目共睹的成就的同时,与检索有关的信息技术有了突破性发展。信息技术的发展的确使得理论工作者有了更好的条件研究与检验检索理论,但它的确也抵消了部分情报检索理论成果。由新技术条件装备的各类社会检索系统似乎遗忘了情报检索语言,曾以关注效率为本的情报检索语言一步步走向书斋。

吴建中博士、张琪玉教授在"对话"中,重提"以检索效率为核心"的思想,其用意恐怕不是怀旧,而是希望这门学科重新回到"以检索效率为核心"的思路上来。当前,情报检索语言面临的挑战与其说是技术发展的挑战,不如说是理论观的挑战。理论研究不仅需要方法论的突破,还需要理论价值观的突破。

以效率为核心进行理论研究,又岂止是检索语言研究的事。看看我们的图书馆学理论,凡是接近"以效率为核心"的分支学科,往往就是发展较快的学科,如检索语言研究、藏书建设研究。反之,一个学科就得不到真正的发展。为此,从事图书馆学各个分支学科研究的人,是不是应该想想怎样"以流通效率为核心"、"以阅览效率为核心"、"以典藏效率为核心"等,作为自己的理论价值观呢?

华东师范大学信息系
副主任、副教授　范并思

【讨论】

阅读了吴建中博士与张琪玉教授的"情报检索语言的发展趋势"对话，受益匪浅。在我国，由于沿袭了两千多年传统的体系分类法已根深蒂固，而主题法的研究则起步较晚，加之受人力、物力、财力等诸多因素的影响，主题法的推广应用始终步履艰难。图书馆究竟以分类法为主还是以主题法为主的争论一直没有停止过。张琪玉教授不囿于陈说，别出蹊径地提出了"情报检索语言"这一概念，认为："分类法也好，主题法也好，都是情报检索系统的组成部分，都是在寻求最佳检索效果中创制出来的，所以它们的基本原理是一致的……。在情报检索语言的概念下对它们进行综合研究，可以找出它们之间最本质的东西，以及结构和功能上的相同和相异处，概括出影响检索效率的共同规律"。分类法和主题法都是一种用来揭示文献内容的检索语言，所不同的只是它们在描述和表达各种主题及其互相关系时所采取的方法和语言标识系统不一。分类法和主题法的优缺点正好互为弥补，于是又引出了情报检索语言一体化的发展趋势。

随着计算机技术突飞猛进的发展，情报检索自动化已成为现实，这又促进了情报检索语言在新概念下的创新和改造。情报检索语言有受控语言和非受控语言之分，一般来讲，受控语言即人工语言，主要指分类号与叙词；非受控语言即自然语言，主要指关键词和自由词。由于情报检索的计算机化，使自然语言在数据库检索系统中的应用成为可能。但是，尽管"无语义关联、无控制的词汇也能使用"，同时，使用自然语言的数据库数量正在增长，这也并不表明自然语言检索已经胜过人工语言检索了。从某种意义上说，自然语言检索最有代表性而且又比较成熟的是全文本检索系统。全文本检索系统是在输入信息后对词汇进行控制,省略了从析出概念到选受控词的过程,减少词表编制与维护工作,能保证及时反映出新概念、新术语,使入库信息前期处理简单化。另一方面,全文本检索系统是以牺牲容量和速度换取节省信息加工工作量,而且在断词、切分等处理技术上还有待进一步发展和完善,加之全文本检索系统中完整词库的制造困难,这无疑又为受控人工语言的应用与发展提供了条件,因此,一些"高要求的检索系统,仍然需要人工语言"。读了"对话"以后,这一点认识更加明确了。

值得一提的是,"情报检索语言"从理论上论证有其可行的一面,从实践上讲,也存在颇多问题,诸如文献标引,将会有数种甚至数十种的角度可以去揭示文献的内涵,这在操作上就很难实行;"一体化"问题,分类号与主题词往往较难做到完全一一对应,有些即使勉强对上也显得牵强附会。因此"情报检索语言"从概念到实践,有一个很长的摸索过程。

上海师范大学图书馆编目部
主任、副研究馆员　林雅萍

【讨论】

随着我国信息产业的迅速发展,国内的信息网络建设已经起步,对于情报检索语言的研究也将从手工检索向计算机联网检索发展。读了吴建中博士和张琪玉教授"情报检索语言的发展趋势"一文,了解到当今国际上情报检索语言研究的一些动向和趋势,对国内图书情报界的情报检索语言的研究、文献标引和数据库建立等很有帮助。

目前,国内已有不少数据库,经过筛选后的《中国数据库大全》一书中已收集了 1 030 个数据库,国内的农业数据库也达到100 多个,各种数据库建立的背景、条件、方法、技术和质量都不尽相同,数据库的文献前处理工作,应用何种检索语言对文献进行加工和检索是首要问题。我国建库最多的是科研图书馆,主要是科研文献库和成果库,其次是高校图书馆,公共图书馆建库较少,一般是书刊联合目录库。由于建库者的指导思想不一,以及《汉语主题词表》收词的局限性,有些专业叙词表往往在数据库建成后才出台等因素,大多数专业库都用自由词或题内关键词标引,造成专业库检索语言的不统一。因此,解决好上述问题是今后国内情报检索语言研究方向之一。

自然语言作为一种较为实用的情报检索语言,国外使用较为普遍。现在的问题是要加强对自然语言规范使用,这有利于各种数据库能够进入联机检索。有些数据库很难上网的原因之一,就是建库人员对检索语言的使用太"自由"化了。我很赞同张教授的观点,在推广自然语言的同时,人工语言也应视具体情况占有相当比例。对于如何应用自然语言和人工语言以及受控标引,仍是情报检索语言的研究方向。

还有,各种检索语言的兼容性和通用性,分类检索语言和主题检索语言一体化,以及张教授提出的计算机汉字分词等问题也是国内情报检索语言的研究方向。分类主题词表已诞生,人工语言和自然语言的标引、检索技术已用在计算机中,我不赞成情报检索中不用分类法和词表的观点,至少文献数据库的检索不能废弃。

上海农业科学院图书馆

副研究馆员　谢坤生

【讨论】

读了吴博士和张教授的关于"情报检索语言的发展趋势"的谈话后,开阔了眼界。谈话围绕情报检索语言进行了全面而深远的探讨,总结了国内外情报检索语言发展的动态,指出了今后的发展趋势以及尚需继续研究解决的问题,为我们开辟了情报检索语言研究的新方向。

在情报检索工作中,我们所使用的数据库检索系统,大多是采用了人工检索语言,这对提高文献的查准率是很有帮助的,但同时也受到很大的限制。比如,在图书馆开展情报检索工作时,必须有专业人员帮助读者检索,其中最主要的原因就是情报检索语言不容易被读者所接受。"谈话"中张教授介绍了自然语言研究的新动态,明确了情报检索语言不再局限于人工语言。尤其是在信息高速公路上,自然语言将会得到更广泛的应用。然而,自然语言虽然有其优点,如时差短、成本低、容易被普通检索者接受,但也有其不足的一面。由于它语义无关联,词汇无控制,在情报检索中需要放弃某些质量要求,这对一些高要求的检索系统是一个致命的缺点。因此,必须要取自然语言和人工语言的长处来互补它们的短处。张教授提出采用后控制词表来解决自然语言的不规范和语义无关联问题,我认为这是一种明智的选择。同时还可以将各种人工语言与自然语言合为一体,使它们有机地结合起来,成为整体化检索语言。这样既可以从学科、专业角度检索,又可以从事物角度检索;既可以按系统入手检索,又可以按字顺检索;既可以先组式使用,又可以后组式使用;既可以进行专指性检索,又可以进行泛指性检索;既可以用词进行标引和检索,又可以用号码进行标引和检索;既可以用人工语言进行标引和检索,又可以用自然语言进行标引和检索。这种理想的检索语言比任何单一的检索语言都具有高得多的检索效率。

我相信随着情报检索语言的研究和计算机技术的发展,情报语言学将会取得更大的成果。

中华医学会上海分会

图书馆副馆长　周伟宏

从人工语言到自然语言

随着计算机网络和电子出版物的发展,情报检索语言将会有更多的创新,预计在世纪之交,诸如自动标引、自动分类、自动摘要、自然语言理解、智能情报检索等都会在我们这一代实现。

——侯汉清

侯汉清:1943 年生。1967 年北京大学图书馆学系研究生毕业,1981 年获北京大学硕士学位。现任南京农业大学信息管理系教授、中国索引学会索引技术和索引标准研究室主任、中国图书馆学会学术委员。主要著作有:《主题法导论》、《当代分类法主题法索引法研究》、《索引法教程》等。

通讯地址:江苏省南京市中山门外,南京农业大学信息管理系,

邮政编码:210095。

吴:前不久,我随中国电子图书馆考察团参观了美国和加拿大的一些图书馆和情报机构,发现北美联机数据库使用自然语言系统的数量正在增长,其中相当数量的文献数据库,由使用叙词表改为同时使用叙词表和关键词,还有一部分文献数据库则不采用叙词表和分类表,不进行任何标引,直接用文本检索或称全文检索。

侯教授,你认为在中文文献数据库建设中,应当如何使用自然语言,使用自然语言有哪些优点?

侯:在文献检索中使用自然语言是指使用文献作者或文摘、提要的作者原来使用的语言,其中包括关键词、自由词和出现在文献题名、摘要或正文中的语词。相对于使用情报检索语言(即人工语言)来说,使用自然语言的优点是:1. 可以取消复杂费时的标引工作,或者降低标引工作的难度和成本,提高标引工作的速度;2. 直接使用文献用语和作者用语,可以改善标引的专指性和一致性,从而提高检索的效率;3. 用户熟悉自然语言,使用起来方便得多,尤其是在联机网络环境之中。使用自然语言建立中文文献数据库有多种方式。第 1 种方式是使用关键词抽词标引。像上海图书馆建立自然科学报刊文献数据库,可以采用这种方式。用手工或计算机直接从文献的题名、摘要、大小标题、正文(尤其是文章开头、结尾等部分)以致参考文献中抽取表达文献主题内容的、具有检索意义的语词,用作检索的标识。目前,汉语自动分词技术已经接近实用水平,只要把这些抽词用的语料扫描到计算机中去,并使用完善的禁用词词典和关键词词典与上述语料匹配,即可实现自动标引,而且机器抽词标引与人工抽词标引的吻合率极高。中国农科院农林文献数据库在 1994 年用这种方式进行了成功的试验,标引的速度可以提高十几倍。

吴:自然科学、技术科学文献题名与文献内容的相符率很高,可以采用关键词抽词标引和增补标引。但是,人文科学、社会科学文献情况就不一样,题不达意的甚多,怎么来解决这些问题呢?

侯:社会科学文献名词术语稳定性差,更新快,新词多,因而建立社会科学文献数据库宜于采用第 2 种自然语言标引方式,即自由标引。标引员无需查对词表,自主拟定标引词或选用文献题名、摘要或正文中合适的词来表达文献主题。所谓自由标引,也不是完全自由,需要标引人员有一定的受控标引的经验,参考一定的标引规则和标引模式,这样可以大大加快标引的速度,而且提高标引的专指性。目前,北京学习出版社主持的新闻信息数据库采用这种标引方式。我想,如果上海图书馆的社会科学篇名数据库改用自由标引,一定可以克服标引难度高、速度慢、专指性差等问题。建立中文文献数据库还可以采用其他方式,例如情报检索语言与自由语言并用的方式,即既用叙词和分类号标引和检索,又使用文献题名、摘要或正文中的关键词、专用名词或自由词(作为受控标引的补充)进行检索。当然,还可以采用无标引的全文检索方式或其他方式。

吴:国外有些学者断言,情报检索语言已经过时,而且很快就会被自然语言所淘汰,能不能谈谈你的看法?

侯:1981年我曾经撰写过一篇《分类法的发展趋势简论》的文章,认为情报检索语言在朝着分面组配化、分类主题一体化、自动化和标准化的方向发展。10多年过去了,情报检索语言的发展趋向还应当增加自然语言化这一条,也就是说受控的情报检索朝着与自然语言结合的方向,或者大量使用自然语言标引和检索的方向发展。自然语言化可以说是当代检索语言发展最重要的特征和趋势,应当引起我们足够的重视。

吴:一些研究表明,在一些大型情报检索系统中,分类表和叙词表已不再是必要的。那么,分类表和叙词表的未来前景如何呢?

侯:自然语言标引和检索虽然也可以用于手工检索(如关键词目录或索引),但只有在联机检索或联网的环境条件下,才能高效率、高水平地实现。在我国,计算机技术在图书馆和情报机构的应用尚未普及,加之汉语自然语言检索不少技术问题有待于解决,因此,目前自然语言系统不可能取代受控检索语言,当代情报检索语言的主流仍是叙词语言。正如美国著名情报学家兰开斯特在《情报检索词汇控制》(1980年第2版)中所指出的,随着用智力加工所需成本的不断上涨,计算机存储费用的不断下跌,以机读形式存取的文本（包括电子邮件、电子报刊）数量的逐渐增多以及在联机检索中对熟悉的"中间人"依赖的逐渐减少，"自然语言将变成情报检索的规范，普通受控叙词表的使用将会衰退，这似乎是肯定无疑的了"。至于自然语言是否会完全取代情报检索语言，分类表和叙词表是否会被淘汰，仍是一个值得商榷的问题。我认为，假如一个机读数据库要提供一个印刷型主题索引，或者要发挥其组织知识以及相关性检索的功能，仍然离不开分类表和叙词表。如果用关键词来编制主题索引或分类索引不是不可能的，至少说是低水平的。

吴：说到关键词检索，不知同义词问题将如何解决？假如我们从文献题名及文摘中抽取关键词，关于"降价销售"，在不同文献中就会出现"削价销售"、"特价销售"、"优惠销售"、"减价销售"、"折扣销售"等多个不同的关键词，如用这样的自然语言建立文献数据库，检索时检全率岂不是很低吗？

侯：自然语言确实表达概念较为自由，存在着对大量的同义词、近义词、同义词组、近义词组缺乏控制的弊端。除此以外，自然语言还存在着对词量、词形、词间关系不进行控制的缺点，从而影响检索的效率。从这个意义上说，不管今后计算机技术和自然语言系统如何发展，情报检索的基本原理——对词汇的控制，是永远不会取消的，变化的只是词汇控制的方式、方法和手段。就自由标引的方式来看，在标引阶段不查词表，不实行严格的词汇控制，可以自主地选择标引用词，但是，为了提高检全率，减轻用户检索时拟定检索策略的智力负担，仍需要在检索时提供一种后控词表。这种后控词表只用于检索而不用于标引，采用字顺或分类的方式显示各种关键词或自由词之间的等同关系（即同义关系）和等级关系。有了后控词表，就可以把各种"自由散漫"的自然语言标识组织起来，形成一个语义网络，以便于检索。用户假如从"降价销售"入手查找，计算机可以自动地把标引"降价销售"以及另外

5~6种关键词的记录检索出来,甚至还可以把"降价销售"的下位词,如"服装降价销售"、"花卉降价销售"、"季节降价销售"等有关记录统统检索出来,供用户选择,用户就不必挖空心思地思考有关"降价销售"的文献,可能会用哪些关键词或自由词标引,使检索过程更为简单、高效。从上述实例可以看出这种后控词表综合了自然语言和常规受控语言的优点。兰开斯特指出:"后控词表的发展为改进联机网络内的检索效果以及成本—效益提供了良好的前景。事实上这种方法值得引起比以往任何时候更多的重视"。目前有一些全文数据库,不标引,不搞任何词汇控制,建库速度快,成本低。但是普遍存在着误检率高、检全资料困难等缺点,每次检索都可能带出大量不相关的或相关性较小的文献,大大加重用户筛选所需文献的负担。张琪玉教授近两年来进行的关于自然语言标引和检索的研究表明,报刊文献数据库应当走自然语言标引 + 后控制的道路。

吴:近年来,分类主题一体化词表成了国内情报检索语言研究的一个热点,无论在理论研究方面还是在词表编制方面都取得了不少成果。你能否给我们介绍一下这方面的动态和发展?

侯:所谓分类主题一体化是指分类法和主题法的有机结合,即对分类表和叙词表的术语、参照、标识和索引实施统一的控制,使两者有机地融为一体。这种词表称为分类主题一体化词表。由于我国具有使用分类法的传统,因此,这种一体化词表在我国受到特别的欢迎。据统计,近10年来我国探讨分类主题一体化的论文多达百余篇,编辑出版的一体化词表多达20多部,其中,一种类型是分面叙词表,如《教育主题词表》、《社会科学检索词表》等;另一种类型是分类法、叙词表双向对照索引,如《中国分类主题词表》、《中图法与 MeSH、中医药学主题词表对照表》等。这种一体化词表是一种分类号和主题词之间兼容转换的工具,其最大优点是可以通过标引数据的转换同时完成文献的分类标引和主题标引,提高标引的数据和质量。上海图书馆的中文社会科学篇名数据库就是利用《中国分类主题词表》的这种功能,每人每天标引报刊文献多达100篇。近年来的研究还发现,以《中国分类主题词表》为基础,还可以建成后控词表,用于自然语言检索系统。上海空军政治学院的硕士研究生在张琪玉教授指导下,建成了基于分类主题一体化词表的自动分类和自动标引系统。现在看来,把分类主题一体化词表和自然语言结合起来,增加检索语言与自然语言的对应转换功能,是一条走向自动化的捷径。

吴:最后,请侯教授简要地谈一谈情报检索语言未来的发展。

侯:应当指出,计算机技术的应用是情报检索语言发生深刻变化的主要动力。原先很多想做而不能做的事情,如分类主题一体化、自然语言检索、后控制词表、超文本检索等都已经成为现实。随着计算机网络和电子出版物的发展,情报检索语言将会有更多的创新,预计在世纪之交,诸如自动标引、自动分类、自动摘要、自然语言理解、智能情报检索等都会在我们这一代实现。

【讨论】

为了实现图书馆的最基本功能,即存储、加工和传递人类信息,图书馆情报人员一直致力于对情报检索语言的研究,取得了丰硕的成果。有趣的是,随着研究的不断深入,加上信息技术,特别是计算机技术和通讯技术在图书馆情报工作中的应用,检索语言的发展方向出现了"回归"。正像吴建中博士和侯汉清教授对话中所说:"自然语言化可以说是当代检索语言发展最重要的特征和趋势"。

应该说,这种表面上的回归源于人类对情报检索语言的深刻认识,其核心是对语料的"控制",或"规范控制"。长期以来,在围绕"查全"与"查准"这一对矛盾的研究中,人们设计出多种情报检索系统,如分类检索系统,运用词表理论的受控语言检索系统,基于齐夫词频规律或信息论中的信噪比理论的自动标引系统,超文本系统等。在这些系统中,无一例外地都包含了情报检索语言的基本理论:对语料词汇的控制,以提高标引或检索的相关性,从而获得较为满意的查全率和查准率。随着研究的深入,情报检索语言出现了由人工语言向自然语言的发展,其实质是对语料词汇控制在科学性、规范化程度以及方法上的进步;是在借助现代信息技术的条件下初步实现了原来力不从心的运作,计算机为人们提供了一个"友好的界面"。尽管人们在对文献加工时可自主选择标引用词,或者根本无需手工标引,或者人们在检索时可使用文献作者原来使用的语言书写检索提问,但在检索系统中,数据库以及检索软件的强大功能自动地对语料词汇进行控制,通过诸如"转换"、"识别"、"判断"等智能功能,保证标引和检索的良好效果。

正像侯汉清教授所说,自然语言具有许多优点,它贴近人们的生活,必然会代表情报检索语言的发展方向。当前,在理论、方法以及技术上,自然语言检索业已取得许多突破,为信息的有效开发和利用带来了福音。

中科院上海文献情报
中心研究员　龚义台

【讨论】

"从人工语言到自然语言",其命题的本身就颇富哲理,给人以启迪。侯汉清教授和张琪玉教授分别在"对话"中的论点,是否可以看作是一个问题的两个侧面?侯汉清教授致力于检索领域的研究已多年,治学严谨而且多有建树,为学术界同仁有口皆碑。他们在"对话"中所阐述的学术精辟见解,使我们受益匪浅,并将这一课题的研究引向一个更高的界面。

人工语言,随着信息检索的不断深化、泛化,不时地暴露出其许多不尽如人意的欠完美的遗憾,存在着不够十分理想的一面。

换言之，人工语言自诞生那一天起就一直受到来自各方面的挑战，尤其是在无标引的全文献检索方式到来之际更是如此。自然语言，是各种派生语言之母，她更"亲近"、更具有活力。由于图书馆学、情报学等学科的研究深入，在信息检索中使用自然语言的比重会不断加大。显然，由人工语言一统天下已是不可能的。但是，检索领域内一股脑儿完全摒弃人工语言也是不可能的，至少在短期内是不现实的。况且，人工语言就广义而言还包括计算机语言、国际辅助语言等。

南京大学信息产业
研究所所长、教授　倪波

【讨论】

阅读了吴建中博士同检索语言和索引领域两位大家张琪玉教授和侯汉清教授的对话，无疑能十分清楚地感受到自然语言在当今检索语言发展中的不俗地位。侯教授更是直截了当，"自然语言化可以说是当代检索语言发展最重要的特征和趋势"。

面对日益庞大的信息源和不断提高的标引费用，使用自然语言的确是许多检索系统首要的考虑。如正走红的 Internet，它拥有的信息资源正在不断地膨胀，它的大型数据库采用的大多数是关键词检索工具。但是这类系统在检索时经常是找出一大堆，而其中相关的却非常少，以致上网者都有沙里淘金的感受。《Online》杂志曾发表文章，用 3 个不同学科的样本课题对 Internet 上的 7 个著名数据库进行了检索，平均查全率近 60%（从 17% 到 100%），而平均查准率还不到 2%（从 0.6% 到 18.8%）。即使检索结果按检索词出现频次（或其计算值）高低排列，有联机检索经验的人也不难想象，删除几十乃至几百个非相关，结果是非常令人头疼的。Internet 资源检索结果效率低的原因之一，是信息源选择性问题，但更重要的是：Internet 上的关键词检索，采用的控制检索的方法是布尔逻辑、检索词出现频次、截词以及区分大小写,对词义(一词多义、一义多词)没有控制。如何提高检索效率?侯教授的观点是十分值得赞赏的:"不管今后计算机技术和自然语言系统如何发展,情报检索的基本原理——对词汇的控制,是永远不会取消的,变化的只是词汇控制的方式、方法和手段"。研究新的检索环境中的词汇控制问题,应当成为今后情报检索语言研究的重点。

华东师范大学图书馆 胡小菁

【讨论】

看了吴建中博士与张琪玉教授、侯汉清教授的两篇"对话",使我想起了情报检索语言研究与应用的问题。如果说从分类法走向主题法、由标题法发展到叙词法,是以检索性能的改善为线索的话,那么,存在大量多义、歧义现象而又缺乏语义关联的自然语言,在文献检索中的引入及增加,又如何理解?可见,检索语言的发展,不仅表现为对检索语言自身的完善,也体现为对检索系统环境的适应。在手工系统中,自然语言(如关键词索引)是低效率的;而在联机技术、电子文本的系统环境中,自然语言天然的易用性及其在操作成本上的极度降低,使其成为众多数据库的首选。

所以,情报检索语言的发展受到多种因素的综合影响。这些因素可归为两个方面:一是语言内在的检索性能,这方面国内外的研究都很充分;二是语言使用中显现的特性,这是我们国内以往没有给予足够重视的。对此,我们应该把对语言自身的研究和对其使用的研究结合起来,拓宽检索语言研究的思路。

华东师范大学信息学系 陆建平

图书馆网络化发展的趋势

图书馆网络化必须具备很多条件,最根本的是要有一个性能优良、稳定可靠、网络通信能力强、能支持多种文种的开放式集成化管理系统,和一个能和校园网、地区网以及 Internet 相连的开放性局域网。

——马自卫

马自卫:1937 年生。研究馆员,硕士研究生导师。1964 年毕业于北京邮电学院通信工程系。现任北京邮电大学图书馆馆长,中国图书馆学会自动化组副组长,全国邮电高校图工委主任,北京地区高校图书馆自动化研究会理事长等职。荣获国家突出贡献奖,享受国务院特殊津贴。主要论著有《图书情报自动化》、《Internet 实用技术》等。

通讯地址:北京市北京邮电大学,邮政编码:100088;电子邮件:mzw@ bupt. edu. cn

吴:1995 年 11 月,中国图书馆学会在常州举办了一次图书馆发展战略研讨会,与会代表对加快我国图书馆自动化、网络化发展进程的呼声很高。马教授所作的"关于我国图书馆网络化发展动态"的报告和呼吁各馆尽快上网的发言,给我留下了深刻的印象。

92

我想围绕图书馆网络化发展这一主题,向马教授请教几个问题。首先请你谈谈国内外图书馆网络化发展的动态。

马:从国外情况来看,美国到90年代初,图书馆的局域网已冲破围墙,发展到与Internet互联。通过地区网和Internet网,各图书馆的资源得以共享,同时各图书馆也从网络上得到更多的信息资源,扩大了图书馆文献资源的容量,把图书馆推向了无墙的电子图书馆时代,目前美国的大部分图书馆已与Internet联网。从国内来看,中国公共分组数据交换网(Chinapac)、全国数字数据网(DDN)和中国教育科研网(CERNET)的建成,为图书馆网络化的发展提供了良好的条件。值得一提的是CERNET对图书馆自动化和网络化的贡献。经过两年的努力CERNET已经开通北京、沈阳、西安、上海、成都、南京、武汉、广州等8个地区网上的10个节点高校,清华大学、北京大学、北京邮电大学、上海交通大学、东南大学、西安交通大学、华南大学、华中理工大学、东北大学和成都电子科技大学已经开始互访。这些节点之间能用DDN线路互相通信,128K专用通信线路作为CERNET网的国际出口。10个节点的高校图书馆正在努力完善本馆自动化系统,与CERNET和Internet相连,目前各节点的图书馆站在"大地区节点图书馆"的高度来建网和上网,起到节点图书馆向非节点图书馆的辐射作用。

吴:图书馆网络化的基础在于图书馆业务管理系统的自动化。马教授,你认为目前我国图书馆自动化的发展处在什么水平上?

马:我国图书馆集成化管理系统的研制开发已进入实用化阶段。从技术上来讲,它经历了单机、多用户、微机单网段、微机多网段互联等发展阶段。高校和科研图书馆近几年发展比较突出,不少图书馆已基本实现采访、编目、典藏、流通、公共检索等主要服务功能的自动化,开始步入校园网建设时期,为图书馆自动化系统向网络化发展打下了基础。但是,我国的图书馆自动化总的来说仍处于集成化系统的初步实用阶段,尚未以网络化为龙头来带动整个图书馆自动化事业的建设。很多图书馆没有很好地去研究和了解计算机的互联协议，软硬件的配置也很不规范，或不支持目前通用的网络协议 TCP/IP，这就为网络化的发展设置了障碍。

吴：近几年，高新技术的发展日新月异、层出不穷，往往一个新的东西还来不及站稳脚跟，就被另一个更新的东西所淘汰。在一些发达国家，图书馆最大限度地利用了现代高新技术的发展成果，一直走在社会发展的前沿，在信息网络的建设和发展方面始终扮演着重要的角色。而我们就常常觉得很被动，跟不上新的形势。这里有一个观念上的问题，我觉得在设计和建设一个新的图书馆现代化管理系统的时候，立意要新，起点要高，否则就会永远处于被动的地位。马教授，你认为一个高水平的图书馆集成化网络系统应该具有哪些基本条件？

马：我觉得在设计和开发新的图书馆集成化管理系统时要考虑以下几个方面的因素：1.系统的开放性和先进性。要尽量采用目前成熟先进的技术、产品和标准化设备，使系统具有不断升级的能力；2.系统的集成性和各子系统相对独立性。系统设计在结构化、模块化的基础上应体现系统的集成性，系统资源为各个子系统共享，但各子系统还应具有相对独立性。子系统间要坚持开放性，使系统配置简单、灵活；3.标准化和规范化。书目数据记录格式应考虑共享性、可扩张性、能上 CERNET、Internet 网，被大家共享。此外，还应重视网上运行的各种协议，如 STMP、Z39.50、HTTP 等协议的应用；4.安全性。系统对数据库具有完善的安全保护措施，用户有严格的特许权和优先级对数据库进行访问；5.网络通信功能。系统应具备较强的网络通讯功能，不仅能与校园网相连，充当校园网中资源子网的重要角色，并且通过网络远程通讯技术实现远程访问和信息服务。在联网的过程中，要充分考虑目前国内外流行的 3 级（主干、地区、校园）网络树状结构体系的特点，使图书馆网可通过校园网、地区网和主干网相连，或通过广域网和主干网相连。

吴：近几年图书馆信息管理系统处在由集中式向分布式发展的趋势。请问产生这一趋势的主要原因是什么？

马：我认为客户机/服务器（Client/Server）概念的出现及其应用，是产生和推动这一趋势的关键性因素。客户机/服务器模式是90年代新的计算机结构体系，它以网络为基础，以数据库管理系统为后援，微机作为它的工作站，这一模式的主要优点是将系统的功能一分为二，通过把数据处理与应用程序分开，分别交给数据库（server端）和工作站（client端）来执行，从而极大地提高了系统的性能。同时它将微机工作站和小型以及中、大型机上的数据库管理系统的两方面优点结合起来，增强了开发效率，节省了系统开销。目前，客户机/服务器模式在Internet网上和国外图书馆集成化管理系统中已被广泛应用。由于它是以微机群联网来替代大、中型机的模式，比较适合我国的国情，目前在我国图书馆自动化进程中，数据库管理系统和局域网技术已有不少应用。我认为，当前应及时将应用开发的重点移向客户机/服务器计算机结构体系中来，优化原来的系统，在下一世纪来临之前就有可能迎头赶上，逐步接近国际先进应用水平。

吴：你认为国内图书馆自动化管理系统存在哪些问题，以及与国外的差距主要表现在哪些方面？

马：总的来说，国内图书馆自动化系统还处于比较低的水平。首先，在系统结构方面，大部分自动化系统仍采用主机处理（host-based）模式，而国外客户机/服务器模式已经成为网络系统发展的主流；其次，在用户界面方面，目前不少系统仍以字符型界面为主，而国外大多数系统已经或正在实现用户界面图形化；还有，在系统平台上，缺乏开放性和互联性，而不像国外那样一个软件系统可以在多个开放的硬件平台上运行等。我认为最主要的差距表现在网络化方面。一个好的集成化系统除能完成采访、编目、流通、公共查询、连续出版物管理等基本功能以外,还必须能与其他网络互联。目前全国各地都在兴起一个建设国家级和地区级高速信息网的热潮,应该说,在我国实现图书馆网络化的基本条件已经成熟。因此,我建议各类图书馆都应积极地创造条件上网。可以通过局域网直接上网,或通过 PC 机上网等方式和校园网、地区网、CERNET、Internet 互联,利用网上的电子邮件 E - mail、文件传输 ftp、远程登录 telnet,以及 Gopher、Netscape 等工具,享用网上各种数据库资源,如 Wais、WWW 等。当然,图书馆网络化必须具备很多条件,最根本的是要有一个性能优良、稳定可靠、网络通信能力强、能支持多种文种的开放式集成化管理系统,和一个能和校园网、地区网以及 Internet 相连的开放性局域网。

吴:我国的图书馆自动化发展参差不齐,有的图书馆已经与国外联网,有的只有几台 PC 机。对还没有条件联网的图书馆,马教授有什么建议呢?

马:根据我国的经济发展情况,全国图书馆进行国内外广泛联网仍需一段时间。在这段时间里,光盘将是使用最方便、信息量最大的一种信息源。同时从长远来看,光盘及多媒体数据库也是图书馆现代化电子信息服务必不可少的资源和工具。目前国内外的光盘数据库发展十分迅速,涉及到各个方面的信息资源。因此,引进和使用光盘数据库是发展我国图书馆事业的一个十分快捷的方式。

吴:最后请你谈谈我国图书馆自动化、网络化发展的前景与趋势如何?

马:我国图书馆在自动化和网络化方面将会有一个较大的发展,而且这种发展应在 Internet 和 CERNET 等网络环境的推动下进行。我想它会体现出以下几个方面的特点和趋势:1.图书馆的模式正在发生变化,从以收藏为主向以检索为主发展,从以校内服务为主走向校外,走向社会,必须更加重视图书馆信息服务的功能;2.图书馆的资源由单一的印刷型文献资源向印刷型、声像型、电子型等多媒体并存的方向发展,使文本、图像、语声、影像等不同信息载体和相关技术(如磁介质、光盘、通信网等)大量投入使用;3.图书馆管理和服务从自给自足的封闭型状态向开放式的资源共享方向发展,由于对各种信息资源需求的驱动,使今后的图书馆管理系统更加开放,更加向国家和国际标准靠拢;4.一个现代化图书馆在关心本馆资源的同时,要重视虚拟资源(virtual resources)的建设。因此,要促进各局域网、校园网、地区网乃至国内外网络的互联,加快开发馆际互借、联机编目以及公共查询等网上自动化软件。最后,我建议:根据我国文献分布和现状,统筹规划,分工负责,建立国家、部委、地区不同等级和特点的网络信息资源和服务中心。在网络建设过程中,除主管部门领导以外,应发挥各级图书情报工作委员会和各级部门在网络规划、造型、硬软件配置与选择以及网络资源和数据建设等方面的作用,使我国的图书馆自动化、网络化建设有一个更大、更快的发展。

【讨论】

读了吴建中先生与马自卫教授关于图书馆网络化发展趋势的对话,对中国图书馆网络化发展的各个历史阶段、发展现状、未来的发展趋势有了更深的了解。应该说中国图书馆自动化、网络化的发展起步较晚,受传统图书馆管理思想的影响,发展也比较缓慢,走过不少弯路。随着改革开放、对外联系的增加,图书馆界不少有识之士、不少信息自动化、网络化专家率先在自己的图书馆实现了图书情报及信息管理的自动化,并在本部门、本地区实现了网络化、或网络互联。近两年,随着 Internet 的迅猛发展,国内网络发展也十分迅速,特别是 CERNET、CHINANET 的开通,对图书馆网络化的发展起到了极大的促进作用,大大加速了我国图书馆向电子化、无墙图书馆方向的迈进。两位专家的"对话"对各大学图书馆、科研院所图书馆及公共图书馆的自动化、网络化发展,对各馆如何根据本馆现有情况,利用国内外网络发展的优势,确定自己的发展战略,提出了具有指导意义的建设性意见。

北京邮电大学图书馆

情报部主任 王晓玲

【讨论】

吴建中先生与马自卫教授关于"图书馆网络化发展的趋势"的对话,阐述了一个图书馆如何站在信息时代网络化的高度,考虑自身的现代化建设问题。这是图书馆面向21世纪、人类全面进入信息时代的一次挑战和机遇,是关系到一个图书馆的兴衰存亡的大问题,也是中国图书馆如何与国际接轨、走向世界的问题。他们从思想观念、工作重点、技术策略、服务模式等方面提出了一系列有益的见解,颇具参考价值,值得每一位热心图书馆事业的同仁细心品味、努力实践。

网络化是信息时代的一个特征,是经济发展和技术进步的产物。所以图书馆网络化有赖于经济发展和市场需求的推动。因而,地区间、馆际间发展的差异也是必然的,不可能一刀切,齐步走。就目前我国高校图书馆网络化发展的现状来看,如何提高中国教育科研网的效益,一方面,落实各节点图书馆向非节点图书馆的辐射作用,发挥示范作用,推动地区网络化水平;另一方面,如何引入公开招标、公平竞争的机制,加强网上自动化软件的研究开发工作,应该说是当务之急。

一个图书馆如何及时更新观念,尽快从只关心本馆"实际馆藏",而忽视外界"虚拟馆藏"的封闭状态下走出来,以网络化为龙头,建设本馆的自动化管理服务系统,培养跨世纪的信息服务人才,加强本馆对网上文献和信息资源的处理能力和服务能力,把具有自身特色的文献和信息资源转变为数据库资源,将是各馆走出困境、适应发展、创造条件、争取上网的必由之路。我想这些也许就是对话给予我们的启示。

北京师范大学图书馆副馆长、副教授　韩俊

【讨论】

计算机、计算机网络、通讯、信息处理等技术的发展,促进了图书馆服务水平的提高。我在想,将来人们对信息的依赖会不会主要通过信息网络,而不是书店,或者说图书馆呢? 1995 年 4 月我从日本的一家著名的计算机公司负责人那里得知,他们已做好电子图书馆的全套设计并完成调试,但不敢交付使用,因受出版业和版权法的制约。从图书馆的角度来看,如果图书馆利用信息数字化技术,将内容免费上网服务的话,会给社会带来什么样的结果?会不会导致出版社的倒闭,读者再也看不到新作面世了呢? 计算机自动化使图书馆摒弃了馆藏卡片,信息高速公路将促使图书馆摒弃纸张。我想图书馆会不会哪一天随"纸"而去呢?

浙江大学图书馆副研究馆员　赵鸣

电子环境下资源共享发展的模式

随着在电子环境下的学术交流功能的变化,新的角色和责任将逐渐产生。如何在新的环境下满足学术交流和发展的需要,是摆在我们图书馆员面前亟待解决的重要课题。

—G. E. 戈曼(澳大利亚)

G. E. 戈曼(G. E. Gorman):现任澳大利亚查尔斯·司图特大学信息研究中心主任。主要从事藏书建设、藏书管理和研究方法等方面的研究,出版了 15 部专著,发表了 70 多篇论文。主要著作有《迈向 21 世纪的藏书发展》、《澳大利亚图书馆的藏书建设》、《图书馆质量研究手册》等。

通讯地址:Center for Information Studies, Charles Sturt University, Riverina, Locked Bag, 660, WaggaWagga, NSW 2678 Australia.

Fax + 61 – 69 – 332733

E – mail:ggorman@ csu. edu. au

吴:1994 年 5 月,在西安举行的"现代图书馆藏书建设与资源共享"国际研讨会上,戈曼博士介绍了澳大利亚在资源共享方面的经验和模式,给中国同行留下了深刻的印象。戈曼博士长期以来一直从事藏书发展的研究,撰写了大量有关这方面的论著,并多次来我国讲学。请问戈曼博士,为什么你会对这个问题如此感兴趣的呢?

戈:我是一个图书馆学教育工作者。我曾经在图书馆工作过,在英国工作期间,我有幸参与了欧洲最早的资源共享计划之一的图书馆非洲问题资料常务协作会议(Standing Conference on Library Materials on Africa)。这是英国大学和研究图书馆之间进行的专门收藏非洲地区和国家有关资料的合作项目,通过分工入藏,资源共享,使非洲大陆的资料能够在英国国内收集齐全。同时,我还长期从事学术教科书的出版工作。总而言之,我的专业兴趣在很大程度上与过去从事的工作有关。

吴:资源共享是这几年国际图书馆界研究的热点之一,为什么这一课题会越来越引起人们的重视呢?

戈:资源共享之所以比过去任何时候都显得更为重要,主要基于两大因素,即资金和技术。大学图书馆的馆长们不是常常抱怨购书经费不足吗?而资源共享是解决这一问题最好的出路;其次,图书馆在各个领域的发展都离不开技术的推动,资源共享也不例外。联机书目数据库和电子化馆际互借的成功应用就是最好的例证。第二次技术发展的重心是在电子形式上,数字通信和电子存储使拥有者和馆藏位置的界限变得模糊起来。当然,我怀疑是否任何方案都会这么简单,因为人们还没有完全改变图书馆利用的习惯方式:即走进阅览室,然后从书架上立即取下自己所需要的图书。也许人们已经不在乎图书是从书架上取下来的,还是从联机打印机上打出来的,但仍然希望随手可以得到。实践证明,在现代技术支撑下的资源共享,是满足读者这一愿望的最有效的解决方案。

吴:你能否具体地谈一谈,资源共享会给我们带来哪些好处呢?

戈:我想归纳起来主要有以下4个方面的优势:1.扩大资源。学者要求方便地获得全部印刷型资料,但任何一所图书馆都没有能力将人类记录收集齐全。分工收集和资源共享,可以使图书馆联合起来形成更大范围的资源集合体;2.系统收集。在某些领域,出版物没有得到有效控制,缺乏系统性,即便是最富有、最细心的图书馆也会漏选资料的。合作为科学合理地配置资源提供了机会,也为读者从任何地方获取信息提供了方便;3.确保专藏。图书馆面临财政压力,但大多数研究图书馆仍希望保障现有的以及将来的学术资源。对那些目前或短期内未必需要的学术资料如何处理呢? 控制经费的人可能认为毫无必要。但如果通过馆际合作、分担收集的话,就能够保障在本地区、本系统或更大范围内全面系统的收集,现在看来这种专业化分工协作的做法是有效的;4.节省经费。图书馆花费大量资金重复收集其他馆已经拥有的贵重资料,而在资源共享基础上的合作计划是节省图书馆经费的最佳途径。

吴:在过去几十年里,图书馆界在资源共享方面进行过不少尝试,有成功的,也有不成功的。从过去的经验或者说教训来看,你认为要实现资源共享必须具备哪些条件呢?

戈:我觉得要实现资源共享,必须满足以下几个方面的条件:1.有利的气候。我觉得最有利的气候是合作与共享的愿望和向前看的精神。有很多机制上、观念上的问题需要克服,要有危机感,如果任何东西都像过去那样平平淡淡,图书馆员就不会考虑去寻求新的解决方案了;2.强烈的事业心。在创业的初期,如果没有那些具有强烈的事业心和卓有远见的人来负责资源共享的话,就谈不上有今天的成就了;3.应变的组织机制。图书馆从某种程度上来说是一种官僚机制,所以我认为要创造一种能够让图书馆员与学者积极参与和交流的环境,交流方式要广泛而开放,协作项目要考虑原有的基础和优势,而不能仅仅停留在相互之间的默契上;4.

积极的参与。伴随资源共享口号而来的是无数实际的细节和矛盾。项目会影响到图书馆内部不同工种之间的矛盾,不同工种之间的行政干预也是非常必要的,调动所有人员的积极因素是合作成功的前提;5.配套的服务手段。联机书目数据库是资源共享的基础,但不幸的是,馆际互借并没有跟上书目数据库的发展。我们可以马上查到馆藏地点,但却需要几天甚至几个星期的时间才能获得。没有高质量的文献提供服务就没有高质量的资源共享;6.外部的经费支援。在合作初期外部资助是促成资源共享的有效途径,特别是建立新的基础设施,如电子通信和文献提供手段等方面,都需要大量额外的资金。外部资金的支持是一种催化剂,每一项资源共享计划的持续最终必须要能够自我支撑,当种子基金(seed money)用来建立项目的时候,图书馆必须同时设法寻找新的财源,使项目继续下去。

吴:近几年电脑和通信技术的飞速发展,使整个图书馆管理和服务方式发生了深刻的变化,那么,这些变化对资源共享将带来什么影响呢?

戈:随着出版物逐渐向电子化方向发展,作为信息枢纽的图书馆面临着众多的电子技术新问题:首先,储存位置的不稳定性。比如服务器出现故障或 ftp(文件传输协议)地点发生变化,使现有的URLs(一致性资源定位器)不能正常工作。在 Web 上每一篇文献都含有与其他文献的联系,目前,从旧的位置连接到新的位置是靠手工插入的。比较理想的方法是导入印刷型出版物中常用的引文系统,在电子引文系统中指向的是文献名,即 Web 上的 URNs(Uniform Resource Names,一致性资源名),而不是文献的位置,也就是说,指向特定的文献,而不是常常变化的路径(directory path);其次,信息内容的不稳定性。在传统的出版模式下,学术著作在出版后就成为一件永恒的文化产品。在电子出版物世界里,没有一样东西是永恒不变的,当作者有新的思路时,随时可以增删或修改。这样就给我们带来了一个新问题，即如何保证一种文献的真正版本。在 Web 上，有两种指向特定文献版本的方式，最常用的是内容变化以后会显示上一个版本的时间；不太常用的是文献随变化而变化，当旧文献被新文献取代以后就形成新的版本，URLs指向原版本的路就被堵住了。现在出现了新的第 3 种方式，它综合了上述两种方式，既有档案功能又有不断更新的功能；第三，文献的持久性。传统的印刷型出版物，通常可以维持几十年或几个世纪，取决于纸张的耐久程度和存储条件。但电子文献的耐久性尚未经过测试，不过由于电子文献能够不断复制，所以耐久性看来是不成问题的。当然，复制容易，丢失也容易，一不小心就会突然丧失一批数据。正像对印刷型出版物需要某种保护措施一样，电子出版物也同样需要类似的保护措施。随着在电子环境下的学术交流功能的变化，新的角色和责任将逐渐产生。如何在新的环境下满足学术交流和发展的需要，是摆在我们图书馆员面前亟待解决的重要课题。

吴：你能否告诉我，在资源共享发展方面，还存在哪些尚未解决的问题？

戈：只要资源共享在继续，就会不断有新的问题产生。首先是学术交流结构问题。学术交流的过程从学者作为著作者开始，通过出版社、书店、图书馆，最后到学者作为消费者。也就是说，学者提供手稿，送到编辑部，经过编辑、修改和润色，然后印刷出版。从市场经济学的角度来看，当资源共享有效开展的时候，图书馆的采购数量自然会减少。结果导致书价提高，竞争减弱，学术资源市场萎缩。馆际互借和书目数据库使得图书馆资源共享更有成效，但同时由于销售的减少对出版社和书店的生存带来危机；其次是电子技术对传统模式的冲击，迫使我们重新评价学术交流的结构。学术的主流是建立在印刷型出版物基础上的，图书馆自然居于中心位置。但是，电子资料由于其具有流动性、伸缩性、便捷性以及无距离感等优势,正逐渐发展成为主导性资源,向学术交流的中心转移。当然,学术信息来自不同形式,有完全数字化的资源,也有印刷品或其他模拟媒体,现在还很难看出天平将偏向哪一端,但在较长的时期里,电子和印刷品将会交叉出现。

吴:最后,请你对我国图书馆资源共享的发展提一些建议或希望好吗?

戈:中国这几年的发展令世人瞩目,但总的来说这里的基础设施还不像欧美那样完备。我想提一点看法供你们参考,我相信中国的图书馆员会在适当的时机考虑这些问题的。我认为:不论条件是否成熟,资源共享迟早要展开的。资源共享工作开展的时间耽搁得越久,遇到的困难就会越多,现在首先要做好基础工作,为今后资源共享的发展事先铺平道路。

【讨论】

读了最近几期《图书馆杂志》由上海图书馆副馆长吴建中博士主持的,与国际上图书馆学权威人士关于图书馆未来的系列对话,颇有感触。他们就当今图书馆界共同关注的问题进行了认真广泛的探讨,涉及的内容和见解对我国图书馆事业今后的发展有着深远的影响。

"对话"中提及,"尽管在信息领域我们已经看到不少变化,新技术正在迫使图书馆和读者改变信息处理、传递和利用的方式。但公共图书馆作为一个为市民服务的社会文化机构的性质并没有改变。"多年来,上海图书馆界也为追求这一目标而努力。上海市文献信息资源协作网的创立和实践就是一例。

上海市文献信息资源协作网是由上海图书馆、科学院、社会科学院、情报所和高校等系统的图书馆打破条条框框,为提高上海市民的文化、科研水平,携手合作组成的文献资源共享的协调机构,旨在上海地区建立一个学科门类相对齐全、利用便利、多层次、多功能的跨系统的文献资源共享体系,以改变重藏轻用的传统观念,充分开发学术信息资源。

协作网目前主要开展书刊采购协调和馆际文献服务两项协作业务。在原版外刊采购的协调方面,这几年协作采购工作为国家节约了大量的书刊经费,更主要的是使上海地区文献资源布局日趋合理。协作采购带动了上海地区图书情报单位的统一编目和联合目录数据库的建立。在馆际文献服务方面,推行协作网通用阅览证,读者持通用阅览证可以在上海地区近30所中大型图书馆查阅书刊资料,方便了广大读者,充分发挥了图书馆的馆藏资料的作用。这两项协作业务的开展,深受上海地区广大市民的欢迎,也为今后上海地区图书情报单位更广泛地开展文献资源共享进行了有益的尝试。

文献保护对上海图书馆界来说是一个大课题。建国以前的旧报纸和旧期刊进行大规模的缩微拍摄是我国保护、抢救文献资源的重要措施。上海地区保存有大量民国时期的资料,其中复旦大学图书馆就收藏了不少有关抗战期间"孤岛文学"方面的资料,这些资料纸张泛黄,易自行散落,清扫库房时总要扫起一些散落在库房地下的纸屑,有人把它说成是"黄花雨",因此保护这部分文献资料是当务之急。一方面,我们应加快实施拍摄计划,另一方面,则应重视创造合适的环境条件,尽可能采用新的保护技术,以利于文献的保存,延长使用寿命。文献资源共享也好,文献保护也好,都是为读者服务的。正如陈誉先生所指出的:"图书馆服务的方式和手段会有变化,但是它们的服务本质不会变的。"系列对话中涉及的内容确实扩大了我们图书馆同仁的新视野。

复旦大学图书馆　秦邦廉

【讨论】

戈曼教授从理论上、实践上向我们展示了电子环境下资源共享发展的模式,这一颇为新颖的观点给图书馆工作者以启迪。我认为,戈曼教授的理论对我国图书馆界如何实现资源共享之路,具有一定的指导意义,国外的一些做法值得我们参考和借鉴。

就上海地区而言,采购经费的不足,是长期困扰我们管理人员的难题,而外文书刊的重复采购又造成的惊人浪费现象比比皆是,再加上书价的不断上涨无疑是雪上加霜,使本来就不充裕的采购经费更是捉襟见肘。而缺乏现代化技术作支撑,特别是重复引进,相互封锁,更使有限的资金得不到充分的利用。严峻的现实迫使人们认识到:只有打破行政界限、各自为政的局面,实现文献资源的大联合、大流通,才是走出死胡同的唯一办法。集高校、科研、情报、公共等 4 大系统的图书情报机构为一体的上海地区文献信息资源协作网,成立 2 年多来,在馆际文献资源的共建和共享方面开展了一系列协作服务活动,如外文书刊的合作采购、向社会发放通用阅览证、资源共享理论研讨等方面迈出了可喜的一步,深受广大读者的好评。但是,上海的资源共享工作还仅仅是雏形而已,离真正意义上的资源共享还有很多工作要做。正如戈曼教授所言:"只要资源共享在继续,就会不断有新的问题产生。"在实施文献资源共享的过程中,知识产权保护这一较为敏感的课题已摆到了议事日程上,重视知识产权保护,制订政策法规,是保障资源共享顺利进行的重要措施,应该引起各有关方面的重视。

上海图书馆上海科技情报研究所
视听资料影视传播部副主任　程德荣

寻求图书馆管理的新理念和新方法

　　重要的是学会利用各种有用的信息,掌握好规划和决策这一管理工具。图书馆原有的结构必须重新调整,工作重心应向服务方面转移,不管我们在战略规划、内部机制、人事管理等方面采取了哪些新的方法,最后都要反映在图书馆服务质量上。

——P. L.沃德(英国)

　　P. L. 沃德(Patricia Layzell Ward): 女, 1936 年生。1971 年毕业于伦敦大学,获图书馆情报学硕士学位,1975 年获该校哲学博士学位。1983 年起在澳大利亚科丁技术大学工作,1993 年任该校图书馆情报学院主任、教授。1994 年任威尔士大学情报与图书馆学系主任、教授。1985 至 1987 年任 IFLA 教育与研究委员会主席,发表论文和研究报告 130 余篇。

　　通讯地址: DILS, University of Wales, Llanbadarn Fawr, Aberystwyth, Dyfed, SY23 3AS Wales, U. K.

　　E - mail: plw@ aber. ac. uk

　　吴:1887 年,美国圣·路易斯(St. Louis)公共图书馆馆长克鲁登(F. M. Cruden)先生曾经说过一句很有趣的话:"就行政管理的职责(responsibilities)而言,图书馆员和工商经理之间没有什

108

么明显的差别"。作为研究图书馆学和管理学的专家,请问沃德教授对此有何看法?

沃:这个问题提得好。图书馆员和工商经理之间在管理的责任与手段方面是有许多相似的地方,他们所面临的任务就是如何去运作一个高效率的机构。在效率(efficiency)方面,他们都要把精力放在成本和降低成本的方式上;在效用(effectiveness)方面,他们都要考虑如何去满足顾客(读者)的需求;从行政责任的角度来看,管理者所要做的是如何有效地活用各种已有的资源(如人员、建筑物、文献、设备和信息技术等),去组织一个高效率的机构。但是,我认为一个基本的区别在于图书馆员面对的是服务与读者之间的界面,在这方面要比工商经理需要花费更多的精力,而工商经理有时可以远离客户,或者有的不直接与客户发生联系。为特定的个别读者服务,确保读者需求是否最大限度地得到满足,对图书馆员来说是一项特殊的挑战。

吴:图书馆管理学是一门比较年轻的学科,它的发展在很大程度上受到各种管理思潮,尤其是科学管理(Scientific Management)思潮的影响。我想询问一下,图书馆管理从现代管理科学的研究成果中能得到哪些启发呢?

沃:很有趣。首先我对你说的"图书馆管理是一个比较新的学科"这一点有不同的看法。可以这样说,在过去它使用的是不同的标签而已。我对管理方面的文献作过一番调查,尤其是对19世纪以来有关图书馆管理的文献进行了研究。在西方世界,管理的发展是周期性或者说阶段性的,并在很大程度上与当时的社会环境和经济条件有关,尤其是与当时社会潮流有关。图书馆管理吸收了各种对自己发展有利的管理思潮,也就是说,每一次都会贴上不同的标签。我不敢肯定图书馆专业是否真正从当时流行的科学管理原则上得到多少启发,特别是在计量方法上,但我敢说在英国这个国家里,图书馆员在计算方面的能力是比较差劲的。

吴：最近几年,在图书馆管理方面有哪些突出的成就和发展?

沃：在我看来,管理技术是阶段性的,很难选择哪一项是最好的,当它们被传播和引进的时候可以说都是最好的。如果说你指的是技术领域,我可以说管理信息系统(Management Information System,即 MIS)的发展是比较成功的,还有,最近几年图书馆界流行"总体质量管理"(Total Quarlity Management,TQM),应该说也是很有成效的。管理科学的发展是千变万化的,图书馆管理人员就是要不断地借鉴管理科学的理论与实践,寻求经营管理图书馆的新理念和新方法。我从 1994 年起应邀为 IFLA(国际图联)杂志撰稿,以"管理科学的发展动态(What's Happened in Management)"为题,对过去一年出版的管理科学研究的文献和进展进行评述,我是为图书馆员写的,目的是让他们从中吸取对自己有用的东西。这些研究结果大部分都是在调查研究的基础上完成的,对图书馆来说肯定有不少值得参考或引以为戒的东西。比如,这几年非常流行数据加工的社会化,有一种做法是 out - sourcing,这一业务的开拓无疑可以降低成本,提高效益,而且可以吸引国际级的专家参与工作。但是,伊文思(R. Evans)在《今日管理》(Man - agement Today)杂志 1994 年 11 月号上撰文指出这一做法的弊病,认为有些机构只考虑运行成本,把有些业务承包给第三方,这样会导致馆内专家(in - house experts)力量的削弱和对信息管理的失控。总而言之,我觉得图书馆作为一个专业来讲,在管理方面还有许多潜力可以发掘。

吴：近几年电子技术的迅速发展,正在改变着图书馆传统的管理方式,可以说我们目前正面临着一个"范型转换(paradigm shift)"的时期,在图书馆管理方面,无论在观念上还是在机制转换方面都会有深刻的变化。能不能就此谈谈你的想法?

沃：我觉得变化是多方面的,在提供文献和信息服务方面,正在出现从"藏"到"用"这一观念上的转换。由于电子技术的发展,人们利用信息的手段发生了重大的变化,人们更关心的是如何检索并获得这些资料。也许我觉得自己变老了,这几年开始静下来思考一些最原始的问题,联机数据库的检索给我们带来很大的方便,现在人们不再花大量的时间去查看印刷品原件。我所担心的是易遇奇缘的运气将会消失,整天忙于和数据打交道,和机器交朋友,而在为研究人员和学生服务方面我们将会失去更多的灵感和机会。我曾经写过一篇文章,讨论世纪之交图书馆员的工作会有哪些变化。我说过从 90 年代中叶起,将会出现一个人类价值回归的现象,当那些从事着自己并不喜欢的工作的人,在劳动力市场上越来越多时,就会产生希望提供更好的社区服务的需求,因此,公共图书馆很可能会成为人们这一需求的焦点。公共图书馆为社区提供了继续教育和文化消遣的场地,它会把更多的人们吸引进来,让他们阅读和学习。有些地方公共图书馆正在成为社区多媒体资源的中心,这样就对图书馆员提出了更新更高的要求,既要重视人的价值、人的服务,还要有针对性地为个别读者提供个别服务。

吴:图书馆管理人员如何来调整结构,以适应外界变化的需要呢?

沃:重要的是学会利用各种有用的信息,掌握好规划和决策这一管理工具。图书馆原有的结构必须重新调整,工作重心应向服务方面转移,不管我们在战略规划、内部机制、人事管理等方面采取了哪些新的方法,最后都要反映在图书馆服务质量上。对于像我这样利用过很多图书馆的读者来说,最希望看到的是,图书馆参考咨询台上坐着最合格的图书馆员。这种职业常常是由资格较老的人员担任,而并不一定由主题专家来担任,有知识的读者希望与有知识的图书馆员交谈。当前由于事务性处理业务的减少,曾经需要专家在后台进行的工作逐渐消失,要求图书馆业务骨干到前台来接近读者,让他们亲身体验外界的变化和需求,使读者服务比过去做得更加出色。

吴:当图书馆进入电子化时代以后,其管理目标和手段会有哪些质的变化？

沃：我的回答很简单,不管它们采取什么形式,原则都是一样的,依然是如何从效率和效用两方面管理好资源的问题,电子化是作为实现目标的辅助手段。进入电子化时代以后,图书馆要站在更高的位置上来看待资源问题。前一阶段,澳大利亚图书馆界通过共同实施和参与 Conspectus（藏书建设大纲）在宏观上规划图书馆服务,建立分布式全国藏书资源（Distributed National Collection, DNC）；下一阶段的发展重点是,如何从效率和效用两方面向地区提供信息协作服务。提供信息服务以支持社会、经济、政治、教育和技术的发展,是图书馆为提高社区服务质量所做的主要贡献,可以说图书馆从来没有像今天这样在社会上起到这么重要的作用。

吴：最后,请你就图书馆管理的未来前景,谈谈你的看法或建议好吗？

沃：随着经济与社会的发展,技术也会发生变化。通信与计算机技术的发展为管理者的工作提供了有力的技术支持。一个新的管理思想或者技术的出现,很快就会产生相互影响,我觉得有必要进行国际间的合作和交流,在一个国际水平上探讨一些共同关心的问题。东西方在管理思想上有很大的差异,在东方,管理是受各种不同的哲学思想影响的,哲理性很强；而在西方,管理思想越来越趋向保守。我觉得现在是把目光转向东方的时候了,我盼望着能早日看到西方的观念中带有某些东方的色彩或者受到某些东方思潮的影响。

【讨论】

图书馆管理的新理念和新方法,这一命题对当前图书馆界来说,既具有现实意义,同时对今后图书馆事业的发展也有直接的影响。

管理活动古已有之,随着社会的不断发展,与此相适应,社会的管理活动也在不断地改进和创新。

沃德教授在"对话"中的有些观点是值得重视的。例如她认为:"管理技术是具有阶段性的,管理科学的发展是动态的。图书馆管理人员要不断借用管理科学的理论与实践,寻求经营管理图书馆的新理念和新方法"。沃德教授还认为:"有些机构只考虑运行成本,把有些业务承包给第三方,这样会导致馆内专家力量的削弱和对信息管理的失控"。这种观点表明了图书馆管理必须从系统工程的视角来考虑问题,才能充分发挥管理的效率和效果。

"对话"提到在当前电子技术迅速发展的时期,对图书馆管理方式起到什么变化这一图书馆界普遍关注的问题时,沃德教授认为:"由于人们不再花大量的时间去查看印刷品原件,整天忙于和数据打交道,和机器交朋友,从而在为研究人员和学生服务方面将会失去更多的灵感和机会"。这种深层次的思考,在肯定联机检索给我们带来很大方便的同时,提出了一个很容易为人们忽视但必须予以重视的问题。沃德教授在回答图书馆管理人员如何来调整结构以适应外界变化需要的问题时,提出了"重心将转移到服务上"的观点,这是很中肯和重要的。她认为:"图书馆参考咨询台上应当坐着最合格的图书馆员。要求图书馆业务骨干到前台来接近读者,让他们亲身体验外界的变化和需求,使读者服务做得更加出色"。我认为这种转变是传统图书馆向现代图书馆转变的核心。由于联网技术的迅速发展和文献技术加工的社会化,图书馆的工作重心从文献的收藏转移到读者服务第一线,这是时代的需求,也是社会发展的必然。从而也给图书馆员提出了更高的要求。

沃德教授有一个观点我认为需要作些必要的补充。她在"对话"开始部分谈到图书馆和工商经理之间有一个基本区别,即"图书馆要面对的是服务与读者之间的界面,在这方面他们比起工商经理来需要花费更多的精力,而工商经理可以远离客户,或者有的不直接与客户发生联系"。我认为以市场需求、客户(用户、读者)需求为导向,来开拓事业的发展,这是工商经理和图书馆管理人员必须共同遵循的基本点。而在这方面,图书馆管理人员需要更多地向工商经理们学习,如何适应市场经济条件下的管理经验。

上海市图书馆学会

秘书长、研究馆员　孙秉良

【讨论】

当前,我国图书馆界正处在从传统图书馆向现代化图书馆过渡的十字路口。如何对图书馆实施有效的管理,确立图书馆管理目标和发展走向,保证过渡的顺利完成是我们图书馆员必须考虑的一个问题。吴建中博士和沃德博士关于"寻求图书馆管理的新理念和新方法"的对话,给了我们许多有益的启示。

诚如沃德博士所言,当图书馆进入电子化时代以后,不管图书馆"采取什么形式,原则都是一样的,依然是如何从效率和效用两个方面管理好资源的问题"。也就是说,我们在向现代化图书馆转变的过程中,图书馆管理应紧紧抓住"效率"和"效用"不放,在保持原有的传统服务项目的同时,应重视对现代化技术的投资,以最小的投入,追求最大的产出。应该指出,由于长期受计划经济的影响,我们的图书馆管理者并没有像"工商经理"那样追求图书馆的"效率"和"效用"。以计算机管理为例,80年代以来,我国部分大型图书馆陆续开始装备计算机管理系统,投资数十万乃至上百万人民币,但至今很少有已经完成从手工作业向计算机管理过渡的。究其原因,还是因为在电脑化过程中,缺少强烈追求"效用"的愿望,在管理理论和管理方法上相应地加以变革以适应现代化的要求。在当今经费紧张、现代化需求的双重压力下,我们只有及时吸取管理的新理念新方法,才能在传统图书馆的"废墟"上建立起现代化图书馆。

一切为了读者,实现从藏到用这一观念的转换,是现代图书馆管理理论的精髓。通讯与计算机技术的发展为管理者提供了有力的技术支持,管理者所要做的是如何有效地活用各种已有的资源,充分利用现有的人员、建筑物、文献信息技术去组织一个高效率的图书馆。换言之,现代图书馆管理的责任就是要使文献、知识和信息与读者需求最恰当地、最有序地相结合,确保读者需求最大限度地得到满足。可以这么说,只有真正领悟到为读者服务是图书馆的出发点和归宿,真正转变观点,才能实现图书馆管理的现代化。"不管我们在战略规划上,在内部机制上,在人事管理上采取了哪些新的方法,最后都要反映在图书馆服务上。"这就是吴建中博士和沃德博士的对话给予我们的最好的忠告。

华东师范大学图书馆

馆长助理　余海宪

【讨论】

读了吴建中博士与英国沃德博士"寻求图书馆管理的新理念和新方法"之后,很受启发。现代管理学的发展为图书馆管理奠定了坚实的理论和方法基础,图书馆管理实践反过来又丰富了管理学的内涵。图书馆管理完全可以结合图书馆业务特点,借鉴和利用管理学成果,这是由于图书馆在规模和数量上的发展使其对科学管理的需要更为迫切。

图书馆管理必须围绕图书馆业务的开展而进行。图书馆管理最终成效应从使用人力、物力、财力的合理性和满足读者需求的程度上反映出来。要加强宏观和微观图书馆管理,在搞好微观图书馆管理的同时,应该密切关注和考虑有关整个图书馆事业管理的方针、政策和措施。随着社会的进步,经济和现代电子通讯技术的发展,国际互联网络的出现,图书馆管理的理念、目标和手段均发生了很大的变化。面对这些变化,图书馆管理人员应该及时调整传统图书馆结构,将业务重心从收藏转移到服务上,以便能够以最合理的人力、物力和财力,最大限度地满足读者需求,全方位多层次地为读者提供优质服务。

上海图书馆、上海科技情报研究所

采编中心编目部副主任　王仁芳

迎接未来　教育领先

中国正步入信息化社会,图书馆学情报学教育也正处在"转型"时期。教学改革的基本思路是:按社会需求的复合型、应用型人才要求,着重对学生进行全面的素质培养,强化拓宽基础,加强实践教学环节,提高学生综合能力、适应能力、开拓能力、竞争能力。

——倪波

倪波:1936 年 1 月生。1960 年毕业于北京大学。现任南京大学信息管理系教授、南京大学信息产业研究所所长。并任国务院学位委员会学科评议组成员,以及中国科学院、北京大学、武汉大学、湘潭大学、郑州大学、全国铁路高等院校情报网等单位兼职教授、名誉教授、客座教授。主编并著有 50 多部学术专著,撰写了 200 多篇论文。

通讯地址:江苏省南京市,南京大学信息管理系,邮政编码:210093。

吴:美国著名的图书馆学家兰开斯特曾经说过这么一句意味深长的话:图书馆员对图书馆的依赖性远比医生对医院的依赖性要大得多。但是,当图书馆实现电子化以后,图书馆的建筑作为其物质外形,已经变得不那么重要了。作为情报学与图书馆学专家,倪波教授,你认为图书馆在这种情形下应如何适应变化的形势?

倪:图书情报工作深层次的发展,在很大程度上仰仗着微电子、计算机与现代通讯技术。信息的获取、贮存、处理等技术,是以计算机技术为支柱,微电子技术为核心,包括微电子技术、光电子技术、光导技术、通讯技术、自动化技术、计算机技术和人工智能技术等。"信息高速公路"的问世,对图书情报工作所产生的巨大影响是不言而喻的。信息高速公路只是一个形象的比喻,其原意是"信息基础设施"。为此,不能仅仅将它理解为信息传播过程中信号所经过的通道。恰恰相反,它还包括有深刻的内涵:信息网络、信息设备、信息资源、应用信息系统、信息主体(即指信息人才、信息用户)等5个组成部分。电子出版物、多媒体技术的运用和推广,必将给图书馆工作带来新的挑战和机遇。我认为:1.必须加强信息资源开发与利用的深度和广度,全面贯彻与落实"科教兴国"方针,为经济建设中心服务。努力提高服务质量,加大为读者服务的科教含量,强化服务的针对性与时效;2.建立新的技术体系,加大投入力度。应该看到,图书情报工作的投入,归根到底是基础性投入,是提高全民素质的投入,是科学技术的投入,是生产性的投入,也是教育的投入;3.要加强人才培养,特别是高层次人才的培养;4.要加强计算机网络、数据库的建设。

吴:我们已经看到,在许多图书情报学院或图书馆学专业里,教学模式都作了必要的调整。新的技术和方法不断地充实进教学内容之中,以提供给学生毕业后更多的求职机会。倪教授能不能介绍一下,这几年在专业课程的设置方面有哪些主要变化?

倪:中国正步入信息化社会,图书馆学情报学教育也正处在"转型"时期。教学改革的基本思路是:按社会需求的复合型、应用型人才要求,着重对学生进行全面的素质培养,强化拓宽基础,加强实践教学环节,提高学生综合能力、适应能力、开拓能力、竞争

118

能力。应当说明的是,目前我国推行的具体教学流程是"按系招生、强化基础、完善结构、分流培养",这就与原先的按单一专业培养有着较大的差异。课程设置基本上有 5 大模块:1.信息与信息管理基本理论模块,如信息学基础、信息传播原理、信息经济学、信息用户研究、信息系统、信息政策等;2.信息整序与组织模块,如信息整序理论、信息资源建设与开发管理、信息检索语言、信息标引与整序等;3.信息分析与利用模块,如信息分析与预测、经济信息分析等;4.信息经营与决策模块,如信息产业研究、信息体系与环境、信息开发与经营、决策支持系统等;5.信息管理与系统模块,如信息技术、信息管理系统等。培养学生与课程设置,都必须要服从于社会需求,与社会接轨。课程设置又可分为:基础课程、核心课程和分科课程。基础课又可分为公共基础课和专业基础课两种主要类型,核心课程即专业主干课程,分科课程或是按学科分支而设,或是按社会信息子系统而设。为便于学生毕业后有更多的求职机会,除了按系宽口径培养学生之外,还实行跨系选修各种课程,推行主副修专业制。

吴:一般来说,学校教育总是超前的,比如,图书馆学教育往往都走在图书馆工作实际的前面,很多毕业生在分配到图书馆以后,都有学的东西用不上或"学"、"用"脱节的感受,你认为在这方面,理论与实践的差距是在扩大还是在缩小?

倪:教育的"产品",主要表现在两个方面:即出科研成果、出人才。这就是我们常说的教学与科研,是学校的两大重要使命。科学研究的本质,总是不断从已知出发去探索未知领域。科学理论之所以能指导实践,原因之一就在于它具有一定的"超前性",我认为不能不加分析地评说,理论的"超前"与实践的"滞后"谁"优"谁"劣"。记得在 60 年代我曾说过,医院里为什么只设"妇产科"而不设"男科"呢? 70 年代我曾说过,电子计算机的未来也许会被光子计算机所取代。这些都曾引起哄堂大笑。问题的关键不在于理论是否"超前",而在于这种理论是否经得起实践的检验。看不到这些不全面,光看到这些或许也不全面。目前,图书馆学教育与图书馆工作实际之间确实存在着一些差距。从总体而论,这种差距有的在缩小,有的仍然在扩大。无庸讳言,近年来对职业道德的教育、基本技能的训练均有所忽视;专业主干课程开设不多,教学水平呈下降趋势;纯理论性探讨的多,研究解决实际问题的少等,导致一些师生"嘴上"的功夫在增强,"动手"的能力在削弱,这些都亟待改进。

吴:在过去几年里,图书馆学与情报学的定义、研究范畴常常含混不清,你认为如何?

倪:这里我不想就庞杂的理论问题多加饶舌。图书馆学与情报学是一对姐妹学科,在我国学位等专业目录中通常将它们并列在同一个一级学科之下。上海图书馆与上海科技情报研究所的合并等,都是很好的例证。图书馆学与情报学虽然存在着差异,但它们之间存在着许多相近之处和"共同语言"。举例来说,1.从历史渊源来看,它们都源于或难以离开古代的文献信息收集、整理、加工、传递等工作,有着同一族系的"直系"或"旁系"特征;2.从研究对象来看,尽管各自侧重有所不同,但都与文献信息有关;3.从研究内容来看,都是致力于解决知识信息的收集、组织与传递等;4.从信息服务来看,都具有社会化的、人类共同享有的和面向用户等的基本特征;5.从信息技术运用来看,它们的研究手段及工作方式都趋于一致或一体化;6.从科学发展长河来看,它们相互促进、功能互补、互为依托、相伴共生。

吴:国外不少图书馆学院中,硕士课程是图书馆学或情报学教育的主流,而在我国,图书馆学教育仍以大学教育为主,你认为今后的发展趋势如何?

倪:我想首先介绍一下我国目前图书馆学、情报学教育的情况。我国现有正规的图书馆学、情报学大学本科教育高等院校24

所。从 1981 年、1984 年、1986 年、1990 年、1993 年、1996 年先后有 6 批经国务院学位委员会批准的博士、硕士点。其中图书馆学硕士点有 9 个,情报学硕士点有 14 个,两者共有 23 个硕士点,同时具有图书馆学、情报学两个硕士点的单位有:北京大学、武汉大学、中国科学院、南京大学。图书馆学博士点有 3 个:北京大学、武汉大学、中国科学院。情报学博士点有 2 个:武汉大学、南京大学(与中国科学院联合)。就教育层次来说,没有大学本科教育,研究生教育就成了无本之木、无源之水。与此同时,还开办了成人业余图书馆学专业教育,采取多方位、多层次、多途径的人才培养方式。在我国,图书馆学专业成人教育大多为大专、大学本科教育。这是由于:一是对已经走上图书馆工作岗位以及需要从其他工作岗位转换到图书馆工作岗位上来,或重新就业的人员和其他从业人员,进行相应的岗位培训,使他们在思想、政治、职业道德、文化知识、专业技术和实际能力诸方面都能够达到图书馆岗位的规范要求;二是对已经在职又达不到岗位要求的、具有中等或高等文化程度和专业水平的人员进行相应的文化专业教育;三是为适应图书馆事业发展的需要和科学技术日新月异的进步,对已受过高等教育的人进行继续教育;四是为不具备一定学历而又愿意坚持自学成才的人,提供受教育的机会;五是为成人开展丰富多彩的社会文化教育增添新的内容。当然,图书馆学专业大专、大学本科教育的发展也要依据社会的需求而适度。

吴:倪教授,从图书馆的实际需求来看,什么样的学生最受欢迎?

倪:当讨论到什么样的学生最受欢迎的问题,我认为既有学生自身的问题,又有学校教育是否得当的问题,也还有接受单位是否合理安排使用的问题。就学生方面而言,虽然不受欢迎的原因各不相同,但是,最受欢迎的原因却大致相近。根据我们多年的实践经验,最受欢迎的学生一般具有如下几个特点:首先具有良好的政治素质,包括具有全心全意为读者服务的信念,优良的职业道德,任劳任怨的劳动态度,一丝不苟的敬业精神,以及善于团结热忱待人的品德等;其次,确已较好地掌握了本门学科的基础理论、专门知识和基本技能,乃至具有坚实而宽广的基础理论和系统而深入的专业知识;再次,具有独立的工作能力,勇挑重担,善于化解各种矛盾,并具有较好的心理承受力;最后,具有强健的体魄。不太受用人单位欢迎的学生,从总体来说毕竟还是少数。因图书馆学专业教育正处在"转型"时期,更由于相当一部分在校生对于未来所要从事的事业茫然,比较普遍存在着"浮躁"心理。这些问题出现的原因固然很多,但与学校思想教育的疏忽有着直接的关系。即使最优秀的学生在他刚踏上工作岗位时,也还有一个适应时期。用人单位应尽可能用其所长,并继续对其帮助与教育,使其更快更好地进入"角色"。

吴:在国外,图书馆学(协)会在图书馆学教育中扮演着十分重要的角色。中国是否应该在这方面向西方学习呢?

倪:由于各国的政治、经济、文化、历史等背景不尽相同,便形成各异的国情。我国图书馆教育事业的建立和发展,是依靠国家的力量来推动的。其经费是由国家财政拨款,领导班子由主管部门任免。我国的图书馆学会是图书馆工作者的学术性群众团体,它的任务是:组织学术研究和开展学术交流活动;编辑出版图书馆学刊和专业图书资料;普及图书馆学基础知识,评价国内外图书馆学研究成果;对图书馆事业政策的制订和有关问题发挥咨询作用,提出合理化建议;开展国际学术交流活动,发展同国外图书馆界的友好联系等。可见,中国图书馆学会虽然不是我国图书馆学教育机构的主管部门,但它们之间的关系是非常密切的。境外有的国家不设教育行政主管部门,特别是对就业者资格、专业技术职称的评定由专业学会认可,历经了多年的实践检验,在他们那里也是行之有效的。我认为,随着时间的推移,条件的不断成熟,我国也可以试办。

吴：在图书馆学教育方面,目前尚存在哪些未解决的问题呢?

倪:图书馆学教育自身存在的主要问题有 4 个方面:1.有关教育的投入严重不足,教师们还要为"创收"而奔波,这不仅分散了教师的精力,影响了教学质量,而且还会助长人才流失,甚至可以用钱来"购买"工作量;2.设备简陋,又缺乏必要的固定的实践基地。实践基地并不等同于实验室,它有两层含义:一是既可以作为师资队伍知识结构完善之举,又可以作为施展教师及科研人员才华之地;二是作为培养学生动手能力、实践能力的基地;3.中青年人才大量流失。流失的原因不外乎是求知欲望、经济的因素与作用未能得到充分的发挥,流失的去向大多是出国,少数在国内改行、"下海"。目前国内一些名牌大学图书馆学专业师资队伍几乎成为"隔代结构",也就是由老年教师与刚留下来的青年教师两部分人组成,中年教师反而凤毛麟角了;4.教学与科研成果转化方面缺乏活力,表现为对促进图书情报事业乃至为生产建设与经济发展方面,方法单一,办法不多,层次不高。这可能与我们多年来重理论轻实践不无关系。

吴:最后,请倪教授谈一谈对我国未来图书馆学教育的展望?

倪:图书馆学教育必须适应图书馆与整个信息事业发展的新形势。随着全社会信息化的进程,有关信息技术与信息服务变化最快、发展最迅速。因而,未来的图书馆学教育必将直接受到社会信息实践的检验、评估与调节。多年来,我们已经初步形成的"3个层次、7个级别"的教育体系,即高等专门教育(博士研究生教育、硕士研究生教育、研究生班教育)、普通高等教育(双学位教育、大学本科教育、大专教育)、中等专科教育,已为今后的发展奠定了良好的基础。今后应按照"强化基础,全面发展,因材施教,注重实践"的教学工作指导方针,向信息技术倾斜,宽口径地培养学生。

【讨论】

《图书馆杂志》自 1995 年第 3 期起,开办了"关于图书馆未来的对话",涉及到许多图书情报界目前和将要面临的许多实质性问题,专家、学者们在这里各抒己见,让人耳目一新。近来拜读了倪波教授有关图书馆学教育的对话,感触颇深。

随着信息基础设施的建设,人们利用信息、文献的手段、方式也随之而变,因此,未来社会里的图书馆数量也许不会像今天这样众多,规模也不会像今天这样宏大,图书馆的各种职能中收藏的职能、文献的整序和组织职能会大大地增强。人们仍然需要图书馆作为丰富的信息资源而存在,为他们提供各类组织有序的信息。众多信息中可利用的信息才能成为资源,否则就是"信息污染";从另一方面来讲,仅有信息的通道和网络,而没有信息的有效存贮、整理和组织,是不能实现人们对信息充分利用的初衷。

既然图书馆有存在的必要,作为先行的图书馆学教育,当然也要随着时代的进步、社会的需求作出相应的变革。1. 根据社会的需求是教育培养的目标。80 年代美国图书馆学教育文献中有一句口号:以人为导向,而不要以书为导向。毕业生的去向、毕业生在用人单位是否受欢迎,是教育往何处去的风向标。根据人才市场的需求调整教育结构、层次,在保留原有图书馆学教育精髓的基础上,不断适应社会的变化,扩展新的专业领域显得十分必要;2. 坚持专业特色的同时,作出相应的课程调整。倪教授在"对话"中提出的知识模块教育模式,是一种新的尝试,在他以前的论著中我们就有所见。模块教育的优点是:符合现代图书馆教育的发展趋势,有利于充分利用现代教育方法和课程设计技巧,合理搭配各种知识元素,从而充分体现"宽口径、厚基础、严培养"的教育目的;3. 增强对信息技术应用课程的设置,增强学生的实践经验和动手能力。使学生既有理论基础和超前意识,又有较强的适应社会和适应本职工作的能力。信息社会中加强这类课程的设置是一个重要的方面。

毋庸置疑,图书馆学的各层次正规教育(包括专科、本科、硕士、博士),不仅有存在的必要,还要在作出必要的调整以后,有更大的发展。因此,应根据社会发展人才的需求,遵循各学科的发展规律,带有超前意识,从高起点、高境界全面观察学科发展的趋势,努力综合各相近学科的知识、经验、研究方法,从大学科体系的角度来考察、预测图书馆学教育,不仅要从自然科学、社会科学,而且还要从人文科学的大学科体系去调整、设置图书馆学的教育模式。

南京大学信息管理系讲师　陈雅

【讨论】

拜读了吴建中、倪波两位学者关于图书馆学情报学教育的对话,深有感触。两位学者问得切题、机智,答得简练、隽永,不禁使人生发诸多思绪……。

比如,是不是应该淡化专业对口意识,强调学以致用? 处于信息社会的大背景,基于信息技术与方法的渗透力与融通性,不仅图、情、档等传统文献信息机构的界限已模糊不清,社会其他部门也越来越多地引入了信息机制,涌现了信息岗位,以往的图书馆学对应于图书馆,情报学对应于情报所的狭隘模式早已突破,越来越多的图书馆学情报学毕业生承担了秘书、电脑操作员、股票经纪人、营销调研员、广告业务员等新的工作。因此,教育部门的任务是培养具有信息意识与信息能力的人才,这些人才究竟在哪些领域中活动,则全靠他们自身在人才市场的竞争中双向选择。

又如,是不是应该对图书馆学、情报学的人才培养目标予以重新定位,即不仅仅只是培养合格的图书馆员、情报工作人员,而是为社会信息产业,尤其是信息服务业提供后备力量? 事实上,图书馆、情报所本身也是信息服务业的一个分支,其理论基础、工作方式与技术手段，与咨询业、传播业、电子信息服务业、经济或商业信息业等也越来越趋同。只有定位于信息服务业，才能为图书馆学、情报学的教育寻找到宽广而又坚实的社会落脚点。倪波先生在"对话"中所提出的课程设置5大模块，不是也能给我们这样的启示吗？

再如，是不是应该为社会成员的"信息人"本质的提高，发挥图书馆学、情报学教育的更大作用呢？Library Science 到底只是"图书馆学"这样一门学科，还是"图书馆科学"这样一组学科群呢？我们祈盼学者们的再次"对话"。

上海大学文学院文献信息管理系副主任　张雨声